这是一碟瓜子

——徐清祥品读历史文化

徐清祥◎著

吉林文史出版社
JILIN WENSHI CHUBANSHE

图书在版编目（CIP）数据

这是一碟瓜子：徐清祥品读历史文化 / 徐清祥著.
--长春：吉林文史出版社，2023.7
ISBN 978-7-5472-9526-7

Ⅰ. ①这… Ⅱ. ①徐… Ⅲ. ①中国历史-通俗读物
Ⅳ. ①K209

中国版本图书馆 CIP 数据核字（2023）第 128191 号

这是一碟瓜子：徐清祥品读历史文化

ZHESHI YIDIE GUAZI: XU QINGXIANG PINDU LISHIWENHUA

出 版 人：张　强
著　　者：徐清祥
责任编辑：董　芳
封面设计：尚书坊
出版发行：吉林文史出版社（长春市福祉大路 5788 号）
印　　刷：廊坊市新景彩印制版有限公司
开　　本：145mm×210mm　　1/32
印　　张：8.25
字　　数：200 千字
版　　次：2023 年 7 月第 1 版
印　　次：2023 年 7 月第 1 次印刷
书　　号：ISBN 978-7-5472-9526-7
定　　价：36.00 元

杂家开出"杂货铺"

清祥君是我少年时的同乡。早在二十年前,只知道他会写点小文章、能弈大象棋,是个棋士式的人物。不料二十年后再相见时,他竟然要我为他的"报刊小品文集"写一个"序"。顺便询及他的近况,竟然另有婚姻、古村、酒饮、武术、棋艺、地方史等方面的一些专著出版,正应了那句"士别三日,便当刮目相看"的老话。

这本小书共八个单元,共七十余篇知识性小文章,题材包括:读书与写作、古村文化、扇子、酒饮、弈棋、武术、名片、灯谜、称呼、季节文化、绰号等方方面面,是发表在各省市报刊上的部分文章结集。如果将这些文章、文字比喻作货物,那么,这本书就是一家"杂货铺"!

再联系到题材的杂和文章的短,我们大致可以读出一些门道:那就是清祥君为什么要写这些,并能在不同的报刊上发表出来。原来这些文章大多是应时之作,例如每到夏天,报刊上总要发一些防暑降温的文章,清祥君就拿起笔写扇子文章,又比如过年过节、春来秋往,是自然交替,他就写他的《年味三说》之类,这样的文章，加上他渊博的知识和流畅的文笔，所以他的文章，大致能在报刊上发表出来。

就清祥君的著述来看，他有许多方面的成果，称专家或作家应是可以的。但是，他总是说"我作家不像作家，专家不像专家，只是半桶水晃晃响"而已，不奢望什么"家"之类，但如果他不能称"家"，似乎有点儿委曲了他，所以我想送他一顶"杂家"的帽子戴戴，这是我用《杂家开出"杂货铺"》作为代序言标题的原因。

就本人阅读这本小书的感受而言，虽说谈不上大雅或有大价值，但有点儿像李笠翁的《闲情偶寄》那样的品位，却是可以说的。再就书的属性而言，与杂文大同小异，且阅读过程轻松、自在，就像嗑着一颗颗瓜子，这可能和文章之精短、文笔的轻灵、资料的翔实等有关，所以，他将这本小书定名为《这是一碟瓜子》是很恰当的。

是为序。

盛烈桢

2018 年 9 月

（盛烈桢，绍兴人，广西某矿教授级高工）

读书，乐事也，斯文也

（一）

余好读书，尤好读杂书、闲书，偶有心得，亦常作文码字，至2019年底，已成书19种，出版16种矣。其中有七八种，发行数尚可，最低有6000册，且有读者来信、来邮、来电、来访、来求签名者，或鼓励，或问询，或指谬，或关切，均关心余书之师友也。至己亥岁末，自觉尚有余力，思凑成二十种书后封笔，此余生平之愿也。亦著书源于读书之引导者也。

读书之乐，在于神游于文字之间，既可内窥心灵，思己之不足，又能广达宇宙、人间，深思人性之善恶。每读至书与心灵相融和处，则充分享受神游之快感，不亦人生雅事哉！

读书有乐亦有益。多读书，则良师随身，增长知识，人尽所知，但文雅自随之附身，举止言行，有斯文气，待人接物，有礼貌状，于潜移默化中受益于无形，此好事未必尽人皆知，此亦读书之益事也。既知有益于己，宁不常读书乎？

（二）

引起余读书兴趣者，首推宫白羽先生之《联镖记》《十二金钱镖》和还珠楼主李寿民先生之《蜀山剑侠传》。时余年少，日读二十万言而不知倦怠，虽于历史文化无大益，但对文字的描述、思想之驰骋、隐逸之念之滋生，颇具深远之影响。及至读曹禺先生之《雷雨》、列夫·托尔斯泰的《复活》等书，则受严肃文学之熏陶，而灵魂有所升华者也。

之后，曾一度入"歧途"，迷恋弈棋争胜与习武呈能，且延续十余年之久，虽说有粗通棋、武两道之优，而著有《近代象棋国手名局》《中国武林之谜》两书出版，略慰心灵，但耗余当旺之岁月，宁不惜乎哉？

改革开放后，天赐良机，初受"纪念建国三十年杭州市征文办"之诏，参加撰写《杭州》一书。余遂始入浙图之孤山部，得读经、史、子、集等古籍，初入文化研究之行列。以上种种，是余渐入读书"正道"之始也。

余虽愚鲁之辈，若有好书指引，亦可入爱书者行列。再再后，年岁复长，知"寸金难买寸光阴"之义，凡有闲暇之片刻，辄入图书馆阅览室"乱翻书"，无论医学、法学、科学、哲学、文学等一概入读，知识虽浅，但广博则可谓矣！触类旁通，此为今后著书之基础者也，亦余写小文章之源也。

（三）

余之所以著书，盖觉人生一世，吃喝玩乐，虽属享受人生，然而"酒肉穿肠过"，有虚度一生之嫌，钱多又有何益？不如写点

这是一碟瓜子

儿东西，留下一点儿文墨，存于读者间或图书馆中，让有兴趣之后来者阅读，虽与不朽无缘，但如清茶一杯，让人品味，亦可知这花花世界，曾有过徐清祥其人，且知其尊容如此、灵魂如此、经历如此，此余著书之目的者也。

《这是一碟瓜子》是一本闲书、杂书，系余多年间刊发于报刊上的小文章的合集之一，地跨九省市，题材多方面，文有几十篇，可谓杂之又杂。辑之成书，行诸社会，不求闻达于世间，只求如一杯清茶、一碟瓜子，供人们茶余饭后闲读，此余出版此书之心愿也。

奉呈琐言千字，权代拙劣自序，敬请读者指谬。

作 者
2021 年 2 月于杭州东园书屋

目 录

一、"书"事

二、饮酒文化

三、名片和店名

四、扇子文化

五、灯谜·武术·棋艺

六、季节文化

七、乡村行踪

八、品读余谈

一、"书"事

书衣的鉴赏

　　这是一本新书《中国式家庭》的封面。中国友谊出版公司出版。

　　粗看它时，感觉一家三口，有婚后添丁的喜悦之情，称其为今天的中国式家庭的幸福图景，应该是恰当的，作为书的封面，是合乎要求的，且以"皮影"形式出现，较为新颖。但是当我细细品味之后，不能不佩服设计者的巧妙构思，从心里说：无愧是高手之作！

　　说起这个封面，不得不连带说一说与之配套的另两本书——《中国式相亲》和《中国式婚姻》。原来这是一套"中国婚姻文化三部曲"小丛书，由上述三本书组成。由于是小丛书，内容必须连贯且不能重复。同样道理封面（书衣）的风格必须一致但不能雷同。就封面来说，当第一本书定下基调后，第二本书和第三本书，都必须有相同的风格和不同的构图。这就增加了难度：怎样变化和哪些不宜改变。也就是说风格必须一致，但元素不宜相似，须把握好变与不变的"度"。

那么这第三本书的封面，有哪些优点呢？似有三点可圈可说：

其一，含蓄。反映一个家庭的欢快情绪，可以是一览无遗，直观感受。但如果含蓄地表现，就显得高明，粗看这个封面，一对夫妻有了一个新生的男孩，将孩子高高举起，以示喜悦，反映这户人家很高兴。这是明的，但还有一个姐姐，与其母亲"混为一体"，非仔细看难以发现，有含蓄特征。笔者曾将此书示人，问这户人家有几个人。多数回答"三口"，当我点明还有一位十多岁的姐姐时，人们才恍然大悟。

其二，反映时代特征。众所周知，我国实行计划生育、"一孩政策"已三十多年，极大多数家庭都是一个孩子。有的家庭想生两孩，但不可能。在未实行"一孩政策"前，一般讲一个家庭有两个孩子，年龄大多接近，但是这个封面上的女孩和新生男孩年龄相差高达十多岁，用以说明女孩是 20 世纪末的孩子，而新生婴儿则是 2010 年后的现实状况，是两孩政策在中国的体现。

其三，风格的一致性与内容别致性。《中国式家庭》是"中国婚姻文化三部曲"的第三部。第一部为《中国式相亲》，第二部为《中国式婚姻》。封面设计风格既须与前两本书《中国式相亲》及《中国式婚姻》一致，又须内容上有所不同。为此第三本书的封面受前两本书封面元素的"限制"，而前两种的基本元素是：一对（皮影）夫妻、书名的两条装饰性矩线。第一本书用书名"中国式相亲"将其隔开，体现了"男找女，隔重山"，"女找男，不犯难",且用的是直式装饰性矩线,寓意很好。第二本书用横排书名及横排装饰性矩线,应该是可以的,可惜的是:一对(皮影)夫妻缺乏变化,且未能体现结婚及婚后的特征,和前一本书的封面有"元素高度一致"之弊。第三本书《中国式家庭》的装饰性矩线安排在书名的上端与下端,且改为短矩线,显示变化,处理得较好,主体图案(皮影)夫妻高举新生男孩,喜悦之情毕现。据说这是中央美术学院高手之作,真是名不虚传啊!

可怜的版税

作为一个文化人,出版学术著作不用贴钱,且能够拿到版税,据说已经很不错了。不过,由于版税和所得税的比例有点"失调",为此,在拿到最近一本书《中国式家庭》

的版税清单后,心里总有点酸酸的,于是,才有我的"可怜的版税"的感叹。

感谢中国友谊出版公司的赏识和支持,接受了我写的"中国婚姻文化三部曲"的出版,才有近三年间,出版我《中国式相亲》《中国式婚姻》和《中国式家庭》三本连续且成小系列的"中国婚姻文化三部曲"。

以下且让我说说三本书出版的版税和心情吧。

2015 年,承蒙中国友谊出版公司张纯总编的赏识,并得到发行部门的认可,我的这套小丛书,以一本本出版的方式出版了第一本。事先与出版方有《合同》:每本书我认购 15000 元的书,六折,版税是定价的 8%,首印了 5000 册。按照定价 32 元/本计算,我有 14400

元的版税收入。不过实际不是此数，还得扣除一千多元的所得税款，由出版方代扣代缴。幸亏书的发行可以，除了首印我少购三十本之外，实际金额是负收入，但有码洋25000元《中国式相亲》的书。好在首印一次性发完。不仅我的第二本书《中国式婚姻》出版有着落，将动手编辑，而且可以预期，这第一本书《中国式相亲》会加印；即使第三本《中国式家庭》也有希望出版。

小丛书的第二本《中国式婚姻》的出版，我首先关心的是发行量，因为这关系到第三本书《中国式家庭》的出版，或者说关系到这套小丛书的整体出版。为此，当书出版时，我就打电话向责任编辑武倩问讯发出的数字，回答是："发出了四千册左右"，加上我认购的八百多本书，基本上已发完，第三本书的出版有希望了。不过，我对第二本《中国式婚姻》能否加印，没有抱什么希望。为此，杞人忧天的我，居然想到申请出版基金这样的荒唐事。

所幸不久即传来好消息，不但第三本书《中国式家庭》能顺利出版，而且《中国式相亲》和《中国式婚姻》同时均有加印的需要；据张纯总编告诉我，第二本《中国式婚姻》的市场反映比第一本书《中国式相亲》还好些，这让我十分意外且高兴。因为各加印三千册，我不必承担购书义务，至于要扣版税，那是正常的。

我觉得版税之所以可怜，主要产生在第三本书《中国式家庭》。当周亚灵主任告诉我第三本书首印6000册及定价从第一、二两本书定价32元提高到38元后，我的第一感觉是：这次不用再贴钱了。因为算下来版税有18240元，除去所得税后，总不会少于15000元吧！结果果然：一个账单告诉我，扣所得税2042.882元，我的版税净收入是1197.12元，相比之下，显得有些"可怜"；当然还有一堆码洋25000元的书，只是送人送不了那么多！为此，我产生了"可怜的版税"的念头，并且写了这篇小文章。

附录:

游走在书的夹缝中

——《中国式相亲》出版轶事

　　夹缝,似乎是个艰难生存之词,但如果仔细思忖,游走在夹缝之中,也许是一种智性的选择。因为夹缝是一种险境、困境,身处此间,会加倍小心和用心。就徐清祥与书的缘分来说,后一种的成分可能更多些。

　　徐清祥从高中二年级起,开始喜欢读文史哲类的书,一天不读就觉得难捱,读多之后就手痒痒地有一股要写的冲动。从写小文章开始进入整部书的写作。可是写什么样的书的问题却在考验着他的智商。写学术书嘛,规格高一点,但是曲高和寡,看的人少,而且圈子里的人未必容得下一个"入侵者";写畅销书吧,规格不太高,但书有人买,出版社就愿意出,而他自己却不愿意。

于是，他选择了既具学术性又有通俗性的写法，即选择了在书的夹缝中游走。这一来可"热闹"了：他写的《中国式相亲》经过三次考验才正式出版就是一例。

在杭州的许多相亲会上，经常能看到他的身影，有人问他"是为女儿还是为儿子"时，他一概回答"都不是"，人们就以奇异的眼光打量着他：不是相亲到相亲会来做啥？他只是笑笑。看着，听着，想着，如何将这些活生生的情景及相亲者的心思写出来，落到他的《中国式相亲》上。

他又研读了《中国婚姻史》《中国古代婚姻史》这类民国时期的资料书，以及众多关于婚姻家庭的数据信息，包括改革开放后出版的五卷本《中国家庭史》。他发觉关于中国人的相亲问题，却一片空白。他决心开垦它。

写《中国式相亲》是一桩开垦处女地的工作，没有前车可借鉴，正因为无可参照，才显得艰难，才更有意义，这符合他的性格。光这还不够，如何做到让出版商看上去是一本畅销书，实质却是一本不折不扣的学术著作？怎样做到即使被出版商识破是一本学术著作，仍因为有可读性而愿意出版？这是他的心思和追求，也是他在书的夹缝中游走的现实。

他想：要做到这两点，应该先向读者讲生动的案例，再阐述理论，让出版商在有趣的阅读中，忽略这是一本学术著作的事实。

是的，他这样做了，也"骗过"了几家出版社。中国海洋大学出版社的李夕聪副总编，看了他的样稿和目录后，征询了发行部的意见，一致认可，就寄来了空白出版合同让他填写，意味着同意出版。不过，在订立正式出版合同之前，负责发行的人有点忐忑，到各地新华书店跑了一圈，说是有点像学术著作，没有爽快地表示订多少。这一来难了，正式签订合同的事无限期延期！

他第一次在书的夹缝中游走未获成功。

徐清祥的第二次出发地是上海，出版社看了选题和样稿很满意，立即决定出版。报选题、批选题等程序完成后，选派同样是杭州人的朱菁担任责任编辑并带上出版合同来杭州，出版大事似乎已成定局。

出版社出书，须看时机，这时机就是图书商品交易会，一般新书都是在此前推出。与徐清祥签订出版合同的上海某出版社，以此原因，要求推迟出版日期，徐清祥只能答应。但就在延期出版的日子里又出了状况。

从四月到七月有三个多月等待时间，此书三审通过后早已由出版部排出了版式，徐清祥几乎是百分之百地放心了。可是期间不知谁说了一句"这是一本学术书"。这一说立刻引起分管总编的注意，又像有传染病似的，几位总编一碰头，决定暂缓出版，但出版合同摆在那里，怎么办？对付的办法是抬高门槛——按学术书的办法出版，再或是赔偿退稿。但这两种办法徐清祥都不接受。于是出版社就实施"拖"字诀，从2011年8月上海书市拖起，一拖四年。就这样徐清祥在第二次"书的夹缝中"没有走出困境。

第三次出发的地是北京。办法依旧。中国友谊出版公司总编室虽回邮迟缓，但态度明朗，明确告知经过市场调研和内部论证，决定出版，首印5000册，并且指派了武倩任责编。就这样，《中国式相亲》终于在2015年的6月出版。用一位出版界资深人士的话来说，出版社的发行能力有大有小，同样是一本《中国式相亲》，在浙江或杭州没有一家出版社敢接手。

徐清祥在《中国式相亲》问题上解决了，但他还有《中国式婚姻》和《中国式家庭》，即"中国婚姻文化三部曲"的整体出版尚未解决。尽管之前有几家出版社想出版，但他们又认为既是学术著作,何不申请国家或地方出版基金呢?其实是担心书的市场表现,想通过资金补贴来减轻发行的压力。于是,徐清祥只有再在"书的夹缝中游走下去",但他相信"柳暗花明又一村"不会太遥远。

徐清祥是谁?一位瘦小的男士,一位有事业心的文化人,一位有坚忍性格的追梦者,一位淡泊利禄的读书人。他的身份是杭州吴越信息研究所的法定代表人,研究员。至于他算不算作家,他说这无所谓。在他的工作室里,他说:"写书和出版书不是难事,关键是书的生命周期及其存在意义。"他还说了一句颇可玩味的话:"浙江图书馆里有三档书,一档是开架借阅的书,大致五六年后打包更新;一种是闭架借阅的书,一般情况下不更新;再一种是不出借的书,属工具书之列。我想写的书是闭架书,但希望在开架借阅处也可借得。"这就增加了难度,鱼与熊掌,两难兼得,难啊!为此,他一直游走在书的夹缝中。

(作者:余文、迟华)

字字心血浇

——《潮鸣八百年》写作札记

　　我写过十多本书，有的比较顺手，有的用点儿心思，也有的却煞费苦心，在写作《潮鸣八百年》这本书时，对于开章第一篇，可以说"字字心血浇"！为什么呢？有两个原因：其一是开篇之作要能吸引眼球，给读者的第一印象必须尽量好些。其二是放在第一篇的是受托单位约写的，须对得起他们。因此，尽管我写的四十篇文章，其中三十九篇我仅用了五个多月时间，但开章的第一篇《宋高宗驻跸潮鸣寺的三个谜团》，五易其稿，花了大致三个月时间，简单地说，从平铺直叙到一个个解开谜团！

　　2015年初秋，我接受委托，组织撰写一本潮鸣街道的史书，由于是首写，而且只有一个街道的范围，更因为我并不主张"抢人"的实事求是的风格，所以说材料肯定比较狭窄，难度会有一些。尤其是开章明义的第一篇，必须写好。

潮鸣街道办事处是杭州市下城区人民政府的一个派出机构，用潮鸣为名，是因为八百年前，宋高宗赵构逃避金兵的追捕，匆匆南逃到杭州，临时驻跸在一个小庙——归德院时，夜闻涛声，怀疑是金兵追来，醒来后才知是江涛声，为了纪念这件事，遂赐额归德院为潮鸣寺。并有了上述一段很简单的史料记载，可是根据史料记载，有关潮鸣寺的只有一段话，如何才能铺衍成一篇像样的文章呢？

写潮鸣街道，可以写寺名的来历，也可以展开一些，但不能胡扯。如果仅凭这三十多个字的记载，很难铺展成一篇像样的文章。怎么办呢？只有从其他与潮鸣寺有关的人和事中寻找线索和材料，以丰富写潮鸣街道的材料。但这无异于大海捞针——材料在哪里？

经过多方面的阅读，调动了自己多年的读书积累，总算理出了几条线索：

一、清代诗人厉鹗曾对宋高宗驻跸潮鸣寺时，书写过一首诗，且有过几句议论。

二、宋高宗的侍卫刘汉臣在五十八年后才将宋高宗的赐诗勒石于寺的东庑，有人怀疑事情的真相。

三、宋高宗来杭时，他的御舟夜间在庆春门靠岸后，为什么不住在就近的相国寺而要住到稍远的归德院。

如此等等，觉得也是写作的材料，就这样我用解开谜团的方式进行铺衍，并且用《宋高宗驻跸潮鸣寺的三个谜团》作为题目。

应该说，我对写这篇文章还是认可的，五易其稿，既说明我煞费苦心，也说明用三月个时间写一篇八千字的文章并不奇怪。

一次难忘的借书

　　借书，在今天是平常得不能再平常的事。不过，在 36 年前，如果要想借专业性比较强的文史哲类图书，作为一个普通读者或者在非专业图书馆，就可能是桩不平常的事。

　　当年有段时间，我很想通读一遍《苏轼全集》或《东坡七集》之类的书，这个愿望如果放在今天，那算不得一回事——网上搜一搜或给中华书局汇款就是了。可那是 1979 年的文化沙漠时期，看《苏轼全集》虽说已没了政治风险，但如果要借，却并不容易。杭州图书馆都没有馆藏，更别说借了，要看的话，得去孤山浙图古籍部，而且须有单位介绍信。那里倒是有两部，我记得一部是大东版，另一部是世界版。我曾悄悄请假去看过几天，中午在那啃馒头，一天下来能看二三十页已经很不错了，其中包括断句、琢磨、札记，这厚厚的两大部书何日能看完？

　　当时，不知谁告诉我一个信息，杭州日报图书室有一套，世界书局版本，厚厚的两大部，供编辑必要时查阅。

杭州日报图书室里有？起初我还不敢相信，因为这书解放后没有出版过。但转身一想可以理解，杭州日报以前称《当代日报》，而《当代日报》的前身是解放前的《杭州民国日报》，在《杭州民国日报》存续期间出版过《东坡七集》。

我开始琢磨可以请谁去帮忙借出来，我便可以夜以继日地通读。我想到了老朋友张纪昌，觉得他去借比较合适。一则，他在杭州日报颇有信用和人缘，二则他是中层干部，更因他在政法文教组。我把这个要求向纪昌君一说，他既支持又仗义，马上说："好的，我去借。"

张纪昌，《杭州日报》第一代老报人，中小个子，清瘦身材，待人接物和蔼可亲，工作上是出了名的勤勤恳恳、细细致致，在杭州日报有老好人、老黄牛之称。

仅仅过了一天，便美梦成真。当纪昌君将两册厚厚的《东坡七集》交到我手里时，我不知道应该用感谢一词呢，还是用感激一语来表达当时的心情。我知道他帮助我借书，不仅仅是友情，更有一种对读书人的关爱与支持。

就这样，白天黑夜，我的双眼在《东坡七集》的字里行间游走，这是让我一辈子难忘的借书经历。

原载《联谊报》

从"杭城旧事"到《杭州往事》

  "杭城旧事"是《杭州日报》西湖副刊的一个栏目,《杭州往事》是写旧杭州的一本书名。近二十年前,我在为"杭城旧事"写稿时,将积稿辑成《杭州往事》一书,非常感谢杭州日报给我的机会和指导。

  1991 年初的一天,我去杭州日报找张纪昌,一来向他表示为我借来《东坡七集》的谢意,二来知道他"扶正"为新闻研究室主任,向他表示祝贺,应该去看看他。顺便去看望项冰如,项告诉我副刊新设置"杭城旧事"栏目,并说:"你是老杭州,写几篇过来。"就这样,我开始了"杭城旧事"的写作。

  写文章仅凭记忆可能会有差错。当我写《喜雨台棋人棋事》时,找到名棋手卫森坤核实。当我写《杭州旗下营的兴衰》时,查阅了《杭州八旗驻防营志略》。当我写《钱江渡头话义渡》时,

16

对照了《杭州文史资料》等文献。这些文章发表后，项冰如说了句："这些稿子有新东西。"受到鼓励后，我开始有了写一本书的念头。

写一本书需要全面掌握民国时期杭州的概貌，逸事趣事不能少，还需要真实性、准确性、可读性。那时圣塘路开有一家文史书店，东家是省政协，以出售全国、浙江和杭州文史资料书为主。我是那里的常客，从立志写一本民国时期杭州的史书后，我将那里有关杭州和浙江的文史资料统统购得，但仍不齐全。幸亏老同学何忠礼在杭州大学历史系任教，系的教师资料室有完整的浙江和杭州文史资料，他很热心，缺的部分由他借来。这样一来我有了许多老杭州人的集体回忆录。

上面说了，回忆文章可能有误差，而且很难避免遗漏趣闻轶事。这时旧报刊成了我进一步搜索的对象。那时杭州图书馆古籍部尚在见仁里，小巷很幽静，成了我天天泡馆的处所。上午去了下午再去。从1992年3月到6月，连续泡了三个多月。一边看一边记一边写。将《杭州民国日报》《东南日报》《申报》以及《越风》《杭州通》等报刊书，都看了一遍。

1993年初，"杭城旧事"这个专栏由吴流生接棒编辑。这时，我已经写成了五十二篇文章，除了已经发表在杭州日报上的，我统统交给了吴君。大致是第三天下午，吴流生给我打来电话说：一口气编了七篇等。

为杭州日报写旧事文章，对我帮助很大：一是增长了知识，对旧杭州的过去更了解了。二是认识了许多新朋友，延伸了人脉。如市人大一位先生给我来电时，开口竟称我"徐老"。在编《杭州卫生志》的裘诗路打来感谢电话。杭州日报老报人谢雪珍让吴流生转交我一份杭十四中的校史，有读者向我询问1929年全国比武打擂台设在通江桥哪一侧。市司法局的孙侃、联谊报的朱隽等上门索书。赵福莲除了帮助我检索旧报刊书外，另"奖励"我一句"徐老师，你介勤奋的"。三是提高了写作能力，对于一本书的布局谋篇有了新认识。四是加深了乡情和对新旧交替的感慨。在写《来去匆匆的人力车》时，写到黄包车出现后，抢了轿夫的生意，他们就找人力车夫寻事儿乃至干架。当汽车出现并载客后，黄包车夫就去砸永华公司、通利公司的"雪佛来"汽车。五是对后来人有些许影响。打开我的博客，在"资讯"栏中有丁云川写《热煞》文时，引有《杭州往事·六十年前苦夏天》中1934年杭州热死人的数据。曹晓波写《旗下》时亦提到"据徐清祥先生回忆，一位诸暨棋王在喜雨台弈棋时连输十局"。

1993年中，我将在杭州日报发表的旧事文章结集出版，首印三千册。当年发行渠道比较宽松，新华书店进的八百本书，是我直接送交业务负责人鲁元栋先生，现代书屋进的五百本，也是我亲手交给倪闻经理，延安服装厂书记潘玲玲及厂长阮文涌决定给每个职工发一本书等。之后我又应联谊报赵健雄先生之约，为该报"城南旧事"栏目，续写了五十多篇，在联谊报发表，并且加上插图，以《杭州往事》作书名，再次由新华出版社出版。

感谢杭州日报和联谊报给了我机会，没有报社的指引和编辑的帮助，《杭州往事》这本书不可能出现。以上是我与杭州日报的故事之一。

家有书房

　　"家有书房"，通常是主人引以为荣、引以为雅、引以为乐的一句口头语。早些年，我的一个项姓朋友，从单位分到一套新居后，自市中心的斗室，搬往近郊的三居室后，有感而发，写了篇《五十岁，我有了书房》，发表在《散文》杂志上，就是引以为乐的一种写照。

　　要说书房的历史，它最早起源何年、因何事、在何地等，好像觉得没有专门的研究。据我的寡闻陋见，它可能起源于公务的编书。几乎每个朝代都有专门编书的职官和编书的任务，为皇朝作记载。如吕不韦组织编写《吕氏春秋》，须有那么多的人参与，要有那么多的竹简，用来堆放堆积如山的竹书，这时候书房就该应运而生。尽管那是些竹简堆砌起来的书房。至于后来的发展，私人有了书房，并且有大型书房、小一点的书房的分别，那是后话了。

　　现代的家庭书房，一般专指个人拥有、专用于藏书或兼事写作的房间。大的在 20 平方米左右，小的约 6 至 10 平方米，中的在 12 至 15 平方米之间。多数三面竖起书橱，间有写字桌、椅子、沙发、字画、电脑和打印机之类，还有和电脑匹配的打印机。是一处享受文化之乐的生活空间。

我所见到的个人书房，大致有：杂、雅、俗三型。它们反映出书房人不同的心态和愿望。

(1)比较杂、相当"乱"的那种书房，大多为写作者的书房。他们拥有书房，既是爱好藏书，也因为工作或写作需要。譬如我的一位姓周的老同学，早些年曾经参与编写《汉语大辞典》条目，每编写一条，要遍查各种典籍，包括古今中外、自然科学、社会科学的相关知识。那时候，他在书房里工作，除了满桌子是摊着的书、报、刊资料外，椅子旁边之类，也都摊满了书本，可以说，虽在工作着，但人是被书包围着。是又杂又乱的书房。

(2)比较雅的那种书房，大多为藏书家或对藏书有雅癖者所拥有。藏书家的书房，大多不是用来藏书，而是用来对书的管理。因祖上是文化人，爱好、收藏并使用过许多书，有珍本、善本多类，故世后，遗嘱后人，要牢牢保住书产，子女能恪守祖训，而保留下书产和书房，继承祖荫、祖产。如江西南昌的新风楼，为原著名藏书家王咨臣先生的书库，有不少是珍本或善本。为了保管好这些藏书，当地政府专门将此楼调拨给他作藏书之用。王老先生的真正的书房，却不是藏书，而是写作或记录对书的管理。对藏书有雅癖者设置书房，是爱好、精神寄托，是附庸风雅的一种体现。

(3)通俗型（大众化）书房，大多为非文化人所拥有。他们拥有书房，或因附庸风雅，或因偏爱某类小说，而专门设置书房。有个小伙，偏爱读武侠小说，到了入迷的程度，有了点儿钱后，将金庸、古龙、宫白羽、还珠楼主、郑证因、王度庐等人的书统统买来收藏，为了珍惜它，就专门建立了书房。这类书房书卷气不重，但也具有生活的实用性。有的乃至在书房的电脑中，装的不是文章之类，而是炒股票的软件。显得有些不伦不类，对于这一类，可称之为通俗型书房。

书房有什么作用呢？大致有四。一曰坐读之处，闲来一杯茶，在书房一坐，一卷在手，可以自由自在地在那里驰骋，并增进知识。二曰编辑或写作，为他人作嫁衣裳或生产精神作品。在城市里，一些编辑、记者、作家之类的文员，由于收入较高，房子大多较宽敞，有书房是很普通的事。许多文化人的小说、散文、诗歌大都从书房里产出。三曰雅谈之处。来了知心朋友，且是同好，大家都很随便，这时，坐在客厅里显得有些见外，就请他走进自己的书房，娓娓而谈。也有的太熟的老朋友，敲门进来后，直接进入书房。四曰提升家庭的文化格局，可以有"书香门第"的感觉。

书房是好东西，那么居住条件不太好，或者自己读书不多的人们该不该有书房？愚以为建摆设式的书房，似乎不必。不过，即使不建书房，有个书柜、书橱之类，存放一些辞典、常用药手册、家庭烹饪大全、实用万年历、防灾小知识之类的书，需要时可以随手翻阅。求人不如求己嘛！

一本书名的纠结

——《近代象棋国手名局》出版轶事

　　迄 2018 年为止，我写的十六种书中，以人民体育出版社出版的《近代象棋国手名局》的印数为最多，先后出过二版三印，第一版首印 5550 册，一年后加印 5500 册，十二年后，出版第二版，首印数为 5000 册。让我欣慰的是：中国"象棋大师网"曾将全书分篇连载，扩大了影响；广东邹郎在全面评论中国象棋书籍时，将此书归入棋史类，且给我打了一个"赏"，评语为"一流的好书"。因为这本书的出版，我还收到过来自全国各地不少棋友的来信，远的有内蒙古、黑龙江，近的有常州、扬州；南京大学有一位象棋爱好者，系近代文学在读博士，在给我的邮件中，除自我介绍名章淳外。直接向我讨一本签名书。所有这些，都有责编范孙操先生的功劳。

我的这本书主要是写民国时期的全国名棋手，系名人传记性质，这是我在序言中已经说了的，为此，最早拟的书名为"中华棋国手"。为了出版此书，范先生曾两次来杭州，第一次主要让我增加一部分精彩对局，他认为：名棋手的传记，主要体现在对局艺术。这个观点我同意。不过这样一来，书名就得有名局元素。就这样，为了用"现代"和"近代"，作者和编辑纠结了一段时间，直到出版前还为此争论不息。

我拟的书名为《现代象棋国手名局》，应该是贴切的，因为所写的名棋手大多数生活在1911年至1949年。然而范先生要将书名改为《象棋近代国手名局》，而且从来信的语气看，他的态度比较坚定。这一下，我有点儿难了，据理力争，认为根据学界的共识，民国时期应该是"现代"，而不是"近代"。但是，范先生不同意我用《现代象棋国手名局》作书名，来信让我表态用"近代"；为了书名，出版日期一拖再拖。期间我还接到范先生的一个电话，中心意思是：我是北大历史系毕业的，"近代""现代"并不一定要遵循主流说法。

书总是要出的，当实在拖不下去时，一次，范先生来电说出了他坚持用"近代"的原因：用"现代"担心读者误会为"当代"、现在，即新中国成立之后，并不是否定我对断代史的认识，是为了书容易销售。并说，如果我坚持用"现代"，他也会考虑同意。

范先生让步了，我考虑了一下，也决定妥协，表态说：那就用"近代"吧，毕竟书的销量是第一位，为此，我在第一版的《前言》中加了一段"本书用'近代'二字，是考虑到许多棋友的习惯认识"。由此看这个书名的纠结和定格，颇像安徽桐城六尺巷巷名的典故——张英给老家的复信："一纸书来只为墙，让它三尺又何妨。长城万里今犹在，不见当年秦始皇。"

不过，书出版后，关于书名用"近代"，还是引来一些小"异议"，上海辞书出版社的杨伯伟先生，他既是编辑，亦爱弈棋，在撰文中说了句"近代"不作定论之句。估计他没有注意我在《前言》中的说明。

通过这件事，让我认识到一个道理：死磕固然是坚持"真理"，但通融何尝不是一种相处之道？

读《钱本草》

　　钱，人人用，多数爱；少数人忖，个别人畏。正如唐·张说在《钱本草》中所说："钱，味甘，大热，有毒。"字字中的，简约，警策，深切。

　　人人都离不开"柴米油盐酱醋茶"，人人都得和钱打交道。"善疗饥，解困厄之患，立验。"是的，有钱能享受舒适、高档的生活。对于团体、社会来说，钱多，能办许多好事，利邦国。从这点说来，钱是个好东西。所以它味甘，人人都在为挣钱或拼命挣钱。然而，钱也能污贤达。就是说，在金钱面前，原来好好的人，有可能违法捞钱，最后成了阶下囚，被污浊。所以张说说："钱，有毒。"

　　张说在《钱本草》中，又为治钱开出了七剂药方。首要一条是会挣会用。先挣后用，挣用结合。原话是"一积一散谓之道"；二是该用则用，该花则花，劝人不要吝啬。原话是"不以为珍谓之德"；三是花钱应该有度，用钱要合理。原话是"取与合宜谓之义"；四是张说认为，不能贪非分之财，钱要来得合理合法。这大概是告诫贪官之类的人。原话是"无求非分谓之礼"；五是有了钱应该多做好事，有利社会和大众。原话是"博施济众谓之仁"；六是劝阻有些商人或借贷者，要有借有还，还得及时，要讲诚信。原话是"出不失期谓之信"；七是收受的钱，要合乎大道理，不是合乎小道理，也即收钱要光明正大，小金库之类的钱，收不得。原话是"入不妨己谓之智"。

《钱本草》是古代说钱的奇文之一，很有警策、教育的作用。重温古人对钱的态度，对于今天的人来说，亦有意义，有所感而记之。

附：唐·张说《钱本草》

钱，味甘，大热，有毒。偏能驻颜，采泽流润，善疗饥寒，解困厄之患立验。能利邦国，污贤达，畏清廉。贪者服之，以均平为良；如不均平，则冷热相激，令人霍乱。其药采无时，采之非礼则伤神。此既流行，能召神灵，通鬼气。如积而不散，则有水火盗贼之灾生；如散而不积，则有饥寒困厄之患至。一积一散谓之道，不以为珍谓之德，取与合宜谓之义，无求非分谓之礼，博施济众谓之仁，出不失期谓之信，入不妨己谓之智。以此七术精炼，方可久而服之，令人长寿。若服之非理，则弱志伤神，切须忌之。

二、饮酒文化

"秋风"扫酒席

摊派是封建时代的官场陋规之一，每当新官上任，地方上总要以礼相迎，表示隆重：一是张灯结彩，用三牲祭祀，举行接风仪式；二是大摆三天酒席，宴请新官上任，伴以歌妓优伶，以示欢乐和庆贺。不过，那个时候不论是县衙、府衙、抚衙，都没有接待新官上任的专项费用。怎么办？于是就利用官府的权力，要求铺户、保役、乡绅等分别贫富，予以垫付（赔付），这就是摊派一词的来历。

以摊派形式，大家出点儿血，下面虽说有怨言，但对新官来说，大多乐意接受；如果有哪一位觉得这么做太浪费，是"满斟美酒千家血"，将准备好了的酒席撤了，就会显得不合时宜。历代不乏这种人，明朝的魏允贞就是一个；魏还有个谑称"魏秋风"，譬他办事严谨，让人觉得"寒丝丝"的。

万历二十一年，进士出身的魏允贞，以右金都御史衔，外任山西巡抚。他是一位清官，只想为民办点儿好事，不想给地方添些许麻烦，还想在任上割除一些陋习，惩办几个贪官。所以，他未按常例，前呼后拥地去上任，而是一身布衣，只带一个书童，一路暗访明察。带着了解吏治的情况和民间疾苦的愿望去上任。

另一方面，魏允贞任巡抚的文书到达山西后，地方上当然是重修巡抚衙门，将轿子、红伞、青扇等重新制作；还要搭彩棚、铺红毡、围彩屏，张灯结彩，做成一派过节的样子；更要备足三天酒席，宴请新巡抚。至于钱嘛，当然是摊派得来。再一方面是，在迎接新巡抚的现场，一头是盼望"报马"、官轿的到来，另一头是不许闲杂人员靠近辕门；其中包括拒绝并驱赶走了一位身穿布衣、向辕门走近的"闲杂人员"。

一切就绪，可是他们等来的却是一个书童带来的一封书函。甫接书函时，接待大员们总以为是：巡抚大人何日何时到晋城，往何处用何轿去迎接之类。谁知启封一看，内中竟是一首诗，诗题为《谕僚嘱》，细看内容后，不禁个个吓得一身冷汗，连忙吩咐撤去酒席，退掉歌妓优伶和吹拉弹唱，用极其简单的方式迎接巡抚。那么，书函上写的是什么呢？且看《谕僚嘱》诗：

> 食禄乘轩著紫袍，不问民瘼半分毫。
>
> 满斟美酒千家血，细切肥肉万民膏。
>
> 浊泪下滴冤泪降，歌声嘹嚎怨声高。
>
> 群羊付与我狼牧，辜负皇恩用尔曹。

从今天的观点看来，除了诗中的"辜负皇恩"已成过去外，"食禄乘轩著紫袍，不问民瘼半分毫""满斟美酒千家血，细切肥肉万民膏"等，都有借鉴作用。这酒席当然要像秋风扫落叶那样撤去。

原载《酒世界》

且说酒食地狱

　　"酒食地狱"这个词，最早见于《东坡志林》，是千把年前苏东坡先生在杭州任通判之职时的"发明"。确实，请吃的很多，推又推不掉，每次吃得肚子园鼓鼓的，那种饱撑着的滋味，恰似下地狱。

　　在古代，常常下"酒食地狱"的，大多是富户、官人、才子之类的。对于贪杯者来说，欢喜将它当作荣宠、幸福，乃至引为骄傲，所以尽管许多大腹便便者"三日一小宴，五日一大宴"地参加请吃，也没有人说是下了"酒食地狱"的。就平民百姓来说，由于只有在过大年或参加婚丧喜庆之类时，才有可能大吃大喝，所以他们不太会有"酒食地狱"的概念。而东坡先生对于大吃大喝，劝饮强吃。有他自己的看法，于是，"酒食地狱"这个词，成了他的发明和专利。

　　可是，今天的情况已很有不同，改革开放以来，人民的生活水平已日益提高，鸡鸭鱼虾、好酒名酒之类，以及好水"圣水"之类的东西，可以天天上桌。平日没人劝吃倒还罢了，逢上出客，上来"满汉全席"、百鸡大宴之类的，你能够不听劝吃？为此，在新的历史条件下，大多数平民百姓都有可能下"酒食地狱"，这就要看你如何应对它。

过饱或过多的饮食，容易导致营养过剩、大腹便便，日积月累，就于健康不利；而且有违"少吃多滋味"的常则，所以多吃已不是享受，而是一种惩罚！东坡先生就呼喊出"不胜杯酌之苦"的感叹，故民间有"多吃坏肚皮"的说法。有资料表明：常常过饱的人，容易肥胖；过分肥胖的人，不容易长寿；而处于适当的"饥饿"、适当的食量，多些素油素菜，并且兼顾到营养的人，不但能长寿，而且健康正常。为此，如果你有幸下"酒食地狱"，作为当事人，在注意到吃食是个好东西、情面难却等因素外，对于多吃、大吃大喝，采取有利、有理、有序、有节的对策，既享受了美食，顾了面子，又注意到健康；另一方面，作为请吃方——劝者，更应该为亲友是否应该下"酒食地狱"想一想。因为并不是你的客人吃得多、吃到美味才是对他恭敬；这牵涉到吃的文化。

东坡先生的"酒食地狱"论，闻者逆耳。见诸文字后，既反映了他的说话艺术，又可窥见他的诙谐性格，还产生一种警策作用。在通观东坡先生的众多记述中，后来的应酬很少见到此语，即为一例。即使到了今天，"酒食地狱"论仍有些实用价值，在我们被请吃并被劝说大吃大喝时，如果说一句"这是千把年前东坡先生的"酒食地狱"的重演，我想劝方是否会打消一些好意呢！除非他并非好意的劝吃，而是另有目的，是醉翁之意不在酒。

原载《华夏酒报》

酒痴张守义

　　画家张守义，有全国政协委员、中国美术家协会理事兼版画装帧艺委会主任等头衔。而他以酒代饭，嗜酒如命的酒行为，不亚于任何古代的酒痴。

　　早些年，张中行先生有几本书要出，想找个合适的人搞装帧。听说人民文学出版社的张守义先生有两下子。就存了点想法：找个自己认可的人。有一次，听说张守义在办个人画展，他抽空去看了下，觉得很"对路"，符合自己的心意。可是，又听说"彼张"和"我张"很有些不同，彼张不吃饭，靠喝啤酒活着。心想，有怪癖的人，往往艺高，值得求教，但又难以接近和求访，也就搁下了。

　　后来，这件事的原委让张守义的一个同事知道了。经过在二张之间的沟通，张老（中行）登了张守义的家门。当敲门被敲开后，张中行不禁吓了一跳。原来，来开门的人，蓬头垢脸，像是半年没理发，三个月没洗脸，完全是个流浪汉的样子。不过，张老明白，这是一些画家精神专注、物我两忘的一种表征，也就很快言归正传了。

张守义是大名人，常有机会外出采风。一次，他在壶口结束采风后，正奔赴下一站。途中突然汽车冒烟。满车的人大多下车，采取应急措施；而张守义还在座位上喝着啤酒。可是，这地方前不着店，后不靠村，要想搞点儿水来给汽车解解渴，也不是很容易解决。当出去弄水的人还没回来，车头的烟越冒越浓时，车里的张守义不禁也着了急。情急之中，他忽然灵机一动，手持正喝着的啤酒，走向车头，对着冒烟的车管，将啤酒倒向车头。这一举动让另一位同车人看到了，连忙提醒他说："张老师呀，汽车不喝啤酒！"可谓是趣事一桩。

还有一次，张守义去延安参观采风，由于时间安排较紧，拟当天先参观革命纪念馆。但车程延误，傍晚才到达。此时纪念馆已关门。经过向有关部门的疏通，特许北京参观团进入，五人参观团参观完毕，已是入夜时分。出门后，路上漆黑一片，可以说伸手不见五指。而参观者显然已经忘了门前有台阶。在跨出大门后，就响起一片"啊呀"之声，五位大人都摔下台阶，且个个伤势不轻。由于骨折等原因，其中的张守义必须由人背着才能去医院。

在医院，去拍片需人背，送往病床需人背，待到躺下休息、打吊针，张守义没有想到要吃饭，而是向陪护的人要啤酒喝，用他的话来说，喝啤酒，既提神，又治病。他的同事给他弄来了几瓶，经过温热，他喝了酒，才开始治腿。真是"不食人间烟火，却是嗜酒如命"的酒痴。

34

我的酒中"第一"

　　不知从何时起，我有了珍惜"第一"的癖好，珍惜第一次领来工资的记忆，珍惜第一回拿到新房子钥匙的喜悦，珍惜付出第一分感情的照片——也珍惜第一次在《华夏酒报》副刊刊发的文章，并将它收存。

　　也许是巧合或再是缘分吧，白天在整理旧东西时，忽然翻出了一个旧信封，落款有红红的《华夏酒报》社五个大字，抽出来一看，是一分发黄的旧报纸，还有编辑刘震东先生惠寄样报时附来的一纸短信。

　　时间追溯到十二年前。由于我对"酒世界"里，常常尊称李白为酒仙有点儿看法；而想有个"不同说法"，总得有个依据。于是，我就在阅读古籍时，留了点心意。那段时间，在通读完《东坡七集》后，觉得苏东坡先生对于饮酒时的那种洒脱风度，对于酿酒的好奇和民间酿酒资料的搜集，对于在创作诗文中借助酒的灵感等，有多方面的成就。这不是称为"酒仙"最合适的人选吗？

于是，我就擎起了笔，写了《酒仙苏东坡》一文，并给《华夏酒报》寄去。

我收存第一分《华夏酒报》为对开大报，四个版面，记得是周二刊，一版为酒界要闻，二版为业界信息，三版为酿酒科技，四版是"曲泉"和另一副刊的滚动登场。我的那个"酒中第一"篇就刊登在"曲泉"上。后来"酒报"发展了，拓展为对开二大张。再后来"酒报"上了新台阶，改为周三刊。到了前些年，《华夏酒报》大踏步前进，改为周三刊四开十六个版面，信息量翻番，形式的多样且美化，当然得到业内赞许。

虽说《酒仙苏东坡》是我发表在《华夏酒报》的酒中第一（篇），但绝不是魁首式的第一，而是初始式的第一。面对着这个第一，我曾经思量过，将它当成我在酒报中的"第一"还是唯一？因为如果要成为"第一"，则我必须在酒文化方面再作投入，否则只能成为唯一！而要让我在酒的方面再作投入，就有一个"成本"问题。所以，有较长一段时间，我将在《华夏酒报》发出的那篇文章，看作是我在"酒报"中的唯一。

不料到了2002年，我终于有了将"唯一"变成"第一"的机会。

2002年下半年，杭州的西湖十景之一"曲院风荷"（公园），拟拓展酒文化的内容，增设一个"酒文化院"，他们想要一些西湖酒文化方面的资讯，在找到我们商议时，由于我在酒这方面已经有了开头，就比较大胆的接下这个项目。经过约略半年的工作，我又有了"西湖酒文化"方面的"第一"。与此同时，由于资料的不断搜集，我开始给《华夏酒报》寄去了《李渔的酒论坛》《杭州酒风》等等小文章，将我在"酒报"的唯一变成了"第一"，再后来，还写成了近二十万字《西湖酒缘与杭州酒经》的专著，有了我的酒文化专著的"唯一"。

　　面对着多个我的酒中"第一"，我展开了遐想，我的《酒仙苏东坡》为什么不是酒中"唯一"，而是酒中第一？是缘分促成？还是鼓励所致？那份旧报和那封短信像是在告诉我，也许是二者兼有吧！因为，除了我很珍惜《酒仙苏东坡》这个观点外，对于那封短信中"多谢赐稿"四字的鼓励，也很珍重它。所以，我很感谢《华夏酒报》赐给我的酒中"第一"篇，因为如果没有这个酒中"第一"，我就不会有第二个酒文化资料的"第一"和第三个酒专著的"唯一"。

　　谢谢《华夏酒报》给我的酒中"第一"（篇）。

诸葛村家家酿红酒

六次走访诸葛村，自以为对它已经很熟悉了，不料在即将离开的前一天，突然发现诸葛村有"家家酿红酒"这一传统。看来要对古村落有真正的了解，我还得继续深入下去。

诸葛村是全国诸葛亮后裔的最大聚居地，地在浙江省兰溪市境内，以全村保留着二百多座元明清古建筑及诸葛民俗文化而知名全国；其中的大公堂和丞相祠堂，分别为元明时期所建，气势磅礴、构筑精致且文化内含丰富；整个村落系全国重点文物保护单位；为此，小小的诸葛村，每年要接待二十万左右的游客。我就是因为撰写《吴越古村落》一书，而六次走进诸葛村的。

我最早知道"诸葛村家家酿红酒"是在第六次走进诸葛村时，那天，我信步在"夏塘路"闲走。在54号门前，见到一位中年男子在糊制"冥屋"，红红的色格，尖尖的屋顶，挺洋气的，大致可看出村民的开放和富裕。出于好奇，我就走近去"搭讪"。一问才知，这位中年男子叫诸葛浩峰，诸葛亮的第五十一代裔孙，说是冬至将届，人们祭祀少不了它，造它五六百幢"房子"，很快能出手；"我是房屋开发商嘛"他调侃地说。诸葛浩峰很健谈，不知怎么一来，话题转到了酒。他从"我做的蜜酒值三五十元一斤，温州老板每年都来向他收购"说起，又说到：我们诸葛家家都做红酒！自酿自饮，自食其力，自得其乐，自我受益。他看到我对酒蛮感兴趣，就从一间小酒屋里，盛出一小杯酒要我品尝。

为了印证"诸葛村家家酿红酒"的总体认识，在返回天一堂住处时，我顺便走进了诸葛智芳家里，一问一探，情况果如其言。诸葛智芳是个既种田，又开茶馆的汉子，听说我想看看红酒，"立马"放下手里的活，带我到他家的"酒库"取红酒，又坚持要我尝尝他的"手艺"；还指指小屋里众多瓮、缸、髭、箩、匾等制酒用具说：现下大多吃空了，等待着下个月开酿后装新酒。

民间酿酒，法式不一，就品种而言，以黄酒、白酒（这里指米酒，不是指蒸馏酒）为多，少数也制"无色"酒（蒸馏酒，即通常所说的白酒）；酿红酒极为罕见。那么，从酒文化的角度考量，它会是诸葛亮传下来的吗？如果不是，那他们为什么不做黄酒、白酒而独做红酒？带着这个问题，我又一次走进了老会计诸葛坤元、老村长诸葛向华的家里讨教。经过反复的研讨，大致有以下一些认识：

一是我们诸葛家族源于琅邪，由于历代有人在各地做官或经商，带上家族式的制酒之方是很自然的事。不过，据历代传闻所知，先辈们在浙江落户的初期，肯定是做黄酒的。后来为什么变成做红酒了呢？原因有二：一是诸葛家族有择善而从的传统，善于吸收族外文化。民间酿酒，大多一年一次，保存期是个大问题。保存得久，酒质越酽，酒气越香，酒味越醇；是上好的酒。大概是水土问题吧，在诸葛村始迁祖诸葛大狮定居此地后，初期制的酒，稳定性不够高。后来听说邻村的畲族人用红曲酿酒，和当地的水土相吻合，酒质稳定性高，我们就试着用红曲酿造，一试很灵，再试亦灵，于是就开始普遍采用，所以说，诸葛红酒是齐鲁文化和吴越文化的结晶。二是为了防止假劣酒。20世纪50年代的一段时间，农村粮食偏紧，田间的收成，只够用作口粮，嗜酒者只好买酒喝。可是农村市场上不乏以酒精兑的"酒"，有的竟用工业酒精兑酒，"吃了要丧命的呀！"这就逼着我们家家自酿酒；自酿当然也用红曲。就这样诸葛村出现了"家家酿红酒"的局面。

诸葛村酿红酒，一般选择在农历的十月初十日之后开酿。从这一天开始，种糯米的诸葛后裔就着手做酒。一般过程是：先浸米，至发胀，再煮熟，后放凉，这是第一阶段。这个阶段约需二至五天时间。第二阶段是：发酵成酒，将放凉后的饭，倒入酒缸内（一般一拨为二十斤），然后加入红曲，再行封缸，待其自然发酵成酒。这一过程稍长，总需一个月以上。在这一阶段中，至酒缸内能听到咚咚的滴酒声为度，可知酒已发酵而成。第三阶段是保存或取酒。视需要或酒质的高低而定。据告，要吃到诸葛好红酒，存酒时间可以延长到一年乃至更多，道理正如《北山酒经》所述。以上说的是一般质量的酿酒。要醇出真正优质的诸葛红酒，据说还要投入另一种物质。那属于秘方问题，我不便打听。这里就不多说了。

红酒的最高用途是祭祀。历代以来，诸葛村有春秋二次祭祀先祖诸葛亮的大典，春祭在四月十四日（诸葛亮诞辰日），秋祭为八月二十八日，仪式隆重，祭品丰盛，祭者身着古服，由族中德高望重的长者担任"祭酒"，主持大祭，当然少不了选上最好的红酒。这一刻是诸葛村红酒的最大荣光。

诸葛红酒，主要是自酿自饮，但也有用来卖的。这是因为诸葛尽管是个村，但一贯奉"耕读传家"之旨和走"农商结合"的路,经济比较富裕。村里曾开有一些酒店。有不少饮酒方面的趣事。

十一月二十二日,我第七次走进诸葛村,为的是目睹酿红酒的全过程。在诸葛松根家里,我看着他将已浸涨了的糯米倒入铁锅,然后升火烧饭。约半小时光景,饭香飘飘,沁人心肺。然后将饭倒在扁平的竹筐摊平放凉。又三个小时后,他将晾干的饭倒入酒缸,又极快的加入红曲,然后用竹叶封口加泥斗严密盖实,为的是不漏一口气,防止感染细菌,让红酒能保存得久。他告诉我,人工酿酒的步骤已完成,只须待自然发酵成酒后,即可饮用。看了这番景象,我禁不住不心服口服。这诸葛村不但建筑文化、民俗文化丰富,酒文化也是多元的嘛!戏作《诸葛村家家酿红酒》如下:

诸葛家家酿红酒,十月忙煞缸与斗。
一杯新酒落口里,少女不识新婚羞。

原载《酒世界》

乡村逢酒星

　　由于撰写《吴越古村落》一书，我在浦江县郑宅镇屠店村行走时，见到一位嗜酒如命的百岁老人。去年第一次见上她时，她已有 104 岁，只见到她腰板笔直，比有些中青年人还精神，但还不知道她竟有如此的酒瘾；今年再次见上她时，不但见到她依然一副笔挺的腰板，而且从她的小儿子郑定渭口中得知，她每天至少要喝半斤白酒！如果有哪一天儿孙们忘了或少了一点儿，她就会大声呼喊："酒，酒，酒！"

　　郑老太太属牛，出生于清光绪二十七年，全名为郑王恩福。她的居住地郑宅，系郑氏族人的聚居地，在今天的浦江县境内，由许多个村落组成。其中的"江南第一家"，原为郑氏族人的宗祠，由明太祖朱元璋题名并赐额；现为全国重点文物保护单位。在郑宅，郑老太太不仅以高寿著称，亦因嗜酒知名。

　　在郑宅的各个村庄。由于大多人家以农为主，都有粮食收成，所以基本都是自家酿酒，虽然方法、工艺、工具等比较土气、简单，但保留着传统的原色。黄酒、米酒自己家做；白酒则请人带工具上门做。在郑宅屠店村有一户酿白酒的专业户，名叫郑隆银，他备有全套做白酒的器具，有烧锅、蒸馏器等，从外观大体可知，是清时的制白酒的式样。

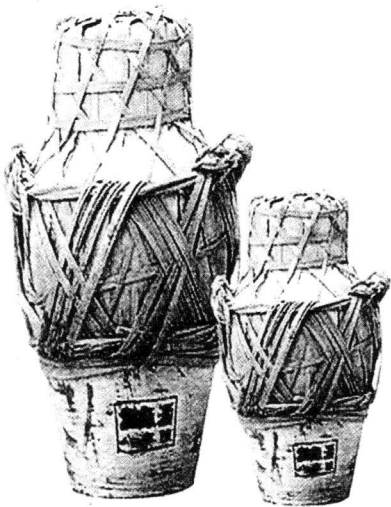

郑老太太有二个儿子、三个孙子及多个曾孙玄孙。她的生活起居主要由小儿子郑定渭负责。和其他农家一样，郑定渭家每年也要自己做酒。一般情况下，每年做黄酒15浸（当地土话，即一次浸米25斤），一次约做四百多斤；白酒请人带工具上门做，一次约做三百斤左右，然后装瓮备饮。如有多余，也向别人家出售。在郑定渭家，我看到他家备有的酒缸、酒瓮等等有二十多件。据郑定渭说，郑老太太的饮酒习惯，和常人似乎有些不同。她一般是每天都要喝酒，但以中餐和晚餐时为主，一次一二两；而除二餐之外；有时想到了，也要喝酒，只不过量较小，就像人们吃零食，仅一二口而已，这样累加起来，每天大约要喝半斤白酒（生病期间例外）。这是指现在，也即约从九十岁起至一百零五岁时的酒量；在七八十岁时，一般认为已届高龄，可对郑老太太来说，还只不过是"中年"，那时她的饮酒量还要大些。一般每天要喝六七两白酒。

有一件事更让人惊异。2002年时，郑老太太已届102岁高龄，但身体健朗，常独来独往，行走如常人。有一次，她去邻舍潘保根家串门，在跨五阶踏步至第三阶时，不慎跌了一跤，遭（盆骨）粉碎性骨折。经医院治疗后，回家休养约半年。现基本痊愈，仍能独个短距离行走，但需用一只高脚凳作保护，最为奇异的是：在骨折及休养期间，她仍是天天要喝酒，而且比平时要多一点儿，每天约要喝六两左右白酒。

喝酒，对于郑老太太来说，既是癖性，也是乐事。以近年的情况来说，她喝了酒，喜欢和儿女们说心里话，大致内容有三类。一类是嘱咐，总是说：她故世后，弄个骨灰盒捧一捧就可以了，不要大办丧事，免得浪费钱财；又一类是告诫：希望子孙辈永远"和为贵"，例如有几次她得知儿孙因小事和人家发生争执，就说，气嘛，忍一忍就过去了；再一类是传教生活经验：要求儿孙诚信朴实，有一句话常挂在她的口头"口稳手稳，天下走成"。一句话，饮酒后她不忘对子孙后代的关爱。

郑老太太为什么喜欢喝酒？据郑氏家人说，近几世纪以来，郑家代代做酒。郑定渭的父亲郑樟林在世时，是个做酒的好手。也许是年轻时环境影响之故吧，所以百岁老太郑王恩福现今仍嗜酒。

原载《酒世界》

酒仙苏东坡

有人认为，要说酒仙，该称李白，所持理由是：诗圣杜甫作的一首诗《饮中八仙歌》中有："李白一斗诗百篇，长安市上酒家眠。天子呼来不上船，自称臣是酒中仙。"这好像有点儿道理。但如果从对酒的事业是否有贡献，在饮酒的态度上是否洒脱，及浅醉时加强了风景审美等方面去审视，则我们有理由认为：酒仙该称苏东坡才合适。

按现代眼光说："过量饮酒，有害健康；适量饮酒，有益无害。"东坡对此早有预见，他虽然十分喜爱杯中物，但日不过二合，他在《饮酒说》中说："予饮酒不多，然日欲把盏为乐，殆不可一日无此君。"苏东坡还反对狂饮滥醉，这可见于他的"酒食地狱"论。北宋熙宁四年，苏东坡外仕杭州通判之职。由于他文名远播，请他赴宴的接二连三，席间当然有劝饮；苏东坡实在疲于应对。《萍洲可谈》："东坡倅杭，不胜杯酌，诸公钦其才望，朝夕聚首，疲于应接，乃号倅杭为'酒食地狱'。"苏东坡的这种节酒观，既有利于养生健康，又显示他对于饮酒的洒脱态度，和李白狂饮滥醉后的"一斗诗百篇"是截然不同的。

因酒而赋出好诗，是苏东坡堪称酒仙另一个理由。苏东坡写的许多诗词，大多是在浅醉状态下作出的。著名的《前赤壁赋》是在泛舟湖上，边游边饮时边所作。"苏子与客泛舟游于赤壁之下，清风徐来，水波不兴，举酒属客。诵明月之诗，歌窈窕之章……于是饮酒乐甚，扣舷而歌之，歌曰……"。他的《后赤壁赋》也同样："于是携酒与鱼，复游于赤壁之下，江流有声，断岸千尺，山高月小，水落石出，曾日月之几何，而江山不可复识矣！"有酒，有游，有赋，多么潇洒自在！自古以来，在众多的咏西湖诗词中，以苏东坡的"七绝"《饮湖上，初晴后雨》为首选。这是一个"五日一官休"的日子。苏东坡约了二三个友人，泛舟于西湖之上，在感受景物变幻并出现瞬息之美景的当时，他突然间来了诗兴，"水光潋滟晴方好，山色空蒙雨亦奇。欲把西湖比西子，淡妆浓抹总相宜。"一首咏西湖的绝妙好诗诞生了，这首诗不仅传唱已千年，并使西湖多了个西子湖的别名。

苏东坡堪称酒仙，还表现在他对制酒的贡献上。他对制酒的技艺一直孜孜不倦。在贬官于黄州、惠州、汝州、雷州、儋州等地时，由于"州酿既少，官酤又恶而贵"，遂不得不闭门自己酿制，于是一种只需用白面、糯米、清水三物制酒的《真一酒法》诞生了："酿之成玉色，有自然香味，绝似王诜驸马家的'碧玉香'也。奇绝，奇绝！"他又语云："白面乃上等面，如常法起酵，作蒸饼，蒸熟后，以竹篾穿挂风道中……"苏东坡还在各地搜求民间的制酒方法，其中既有源出民间，但经过百姓改进的，而更多的来自民间的创造。对于保存传统的制酒技术有贡献。他还写了许多有关酒文化的著作《饮酒说》《酒子赋》《睡乡记》等流传后世。

苏东坡和酒真可谓既有缘又有情。说苏东坡是酒仙，大概不致过分吧

原载《华夏酒报》

和温州人喝酒

　　温州人现今风头正健，经商发财闯世界，给人的印象是：精明、干练、刻苦、豪爽，富于冒险精神。不过，对于我来说，觉得温州人对喝酒也颇有风韵。

　　我和温州人一起喝酒的机会不是很多。但有几次印象特别深刻，过了那么多年仍是记忆犹新，姑录之以示对温州人喝酒的一种探讨，至于能不能算温州酒风，则不好自许。

　　我对温州人喝酒的第一印象是：不服输精神。他们不仅在办厂、经商等方面锲而不舍，在饮酒方面也是一股子犟劲。大约是十多年前的一次浙江的象棋邀请赛，有杭州、温州、宁波、绍兴、舟山、湖州、金华等七个市组队参赛。比赛采用单循环积分制，每队六轮，一周内决出冠亚季军名次。至最后一轮时，杭州队对温州队，杭州队积分居第一，温州队和宁波队居二、三。杭州队只要这场弈平，即可夺冠，而温州队必须背水一战，取得胜利，才能得第一，否则将降至第三乃至第四。不巧的是：最后一台棋以我的取胜，而打破了温州夺冠的梦想。赛完以后，各自归队，自我总结。就在此时，我的对手来找我说："想请我吃夜宵、喝喝酒。"并且把话挑明，喝酒以后，想向我再请教一盘。那时候我年少气盛，也有点儿好胜。心想再杀一盘又何妨呢，乃至在心里念叨：无非让你口服心服。喝酒我虽不在行，但喝红酒、黄酒却是无妨。就这样，我就有陪他一起喝酒的经历。不料一碰酒杯，我的对手似忘了目的，就想在喝酒上压倒我。我只是按常例来一口，他为了显示豪气，竟一饮而尽，如此循环，不一会儿竟酩酊大醉，在桌上睡着了。从棋不服输，到酒不服输，他的不服输精神，于我影响深刻。

和温州人喝酒，第二个感觉是：他们富于蹈险，反映在经商上，有不怕吃苦精神。无论从报刊，或在温州城乡，都能感觉到他们在天南海北闯荡。绍兴有个"轻纺市场"，在全国颇有名头。那里不但有绍兴人在做布生意，而且有许多温州人在那里抢滩营商。就人数而言，绍兴人和温州人大致相当，各占轻纺市场总人数的百分之四十左右。在那里，二种不同的商业理念就时时会发生碰撞。温州人既不敢小看绍兴人，又有点儿小看绍兴人（经商理念）。一个典型事例是：温州人常常自诩有"商胆"，却说绍兴人经商是"丧胆"，在轻纺市场流行的一句话是：温州商人有五万本钱，敢做十万生意；而绍兴人则反之，有十万本钱，却只肯投入五万元在生意场上。在应酬场上也是如此。温州人有一斤酒量，却敢喝二斤，绍兴人有二斤酒量，在生意场上，却只想喝一斤半；为的是怕酒后失言。那天，我在柯桥的一家酒店便餐，隔座恰恰是一个酒席，老板是绍兴人，稳重朴厚；客户是温州人，反倒袖管高卷，一副赤膊上阵的架势。酒过三巡。温州人已醉，而绍兴人却还清醒。轮到结账时，温州人已忘了自己是被请吃者，抢着要付账，弄得脸红气喘不肯歇。

在和温州人一起喝喝酒的第三种感觉是：温州人喝酒"精进不精出"。大约是 1985 年，我被借往浙江省体委搞中国传统武术挖掘整理工作。期间和温州武术界的人有许多次接触。有个叫项金生的温州老板，精于南拳，枪棒也来得，在挖掘整理过程中，我抽空写了篇短文，登在当时的《经济生活报》上。事后，这项金生一定要请我喝酒，说是要送我一枚金戒指，本厂所产。酒席间，项说要和我"拼酒"。我说我不太能喝，他说"一人一杯嘛才够朋友"，但他的酒量大，我不敢"对碰对"，只能和他杯碰杯，怎么办，他提议采取折衷办法，我的酒里可掺水，我提议用"正广和"汽水，他则不屑一顾，说是要掺就掺名牌水，我说正广和是老牌，也是名牌，只是现下不太打广告；但这位温州人不信，一定要购"娃哈哈"，至于是否名牌之类，他是不管的；而我呢，因为客随主便的缘故，顺着他的说法行事。从中可看出温州人"只识时尚，不管饮者"的习惯，更有一种不计破费、"精进不精出"的脾性傲气。

温州地处江南，属水乡范畴。而江南的人文，以柔顺、敦厚为主。为什么温州人的喝酒风度，和典型的江南性格很不一致？且从温州的人文、地貌、气候等方面作些思考。温州地处东海岸之滨，具有准海洋性气候的地理特征和小型港口城市的属性。由于和杭州、金华、绍兴等城市有崇山峻岭的阻隔，直到 2003 年才开通火车。在和上海等大城市交流时，以海轮通达为主。由于小型港口城市的性质，历史上，温州人有许多人外出谋生，在打工或经商中磨砺自己，从发财中感觉到朋友的重要，性格中开放性色彩较重。所以温州人既有大气，又显朴实，他们的粗犷豪饮之风，是和地理、水文有关。

原载《酒世界》

陆游酒后打虎

偶读《陆游年谱》，在字里行间寻觅中，忽然间眼前一亮。陆游打虎！是在喝了点酒，"雪中痛饮百榼空，蹴踏山林伐狐兔"时打的虎；记述得如此明白、逼真，且气势磅礴。倏忽之间，初以为是否眼睛看花了？因为在我的认识里，陆游是大名人、大诗人，他如有打死老虎之举，早该在人们的写作传播中家喻户晓了，怎么以前我一点儿不知道？稍后几天，友人周维德来访，询及我的"发现"，不料他也是讳莫如深。维德兄可是古诗文方面的专家，那么，这陆游打虎难道因为不值得写一笔，而迄今鲜为人知？

老虎，以迅猛著称，力大且凶悍，被誉为兽中之王，因食人而有"谈虎色变"之语。所以，武松在景阳岗前喝了点儿酒，打死一只吊睛白额大虎，就受人们普遍尊敬并广为传扬。由于武松打虎出自小说《水浒传》，是否史实，也需打个问号。可摆在我面前的"陆游打虎"，却是有诗为证的事实啊！且让我引用一些诗句，看看陆游是如何打虎的。

在《十月二十六日夜梦行南郑道中，既觉恍然，揽笔作此诗时且五鼓矣》一诗中，陆游是这样回忆他的打虎经历的："……夜宿沔阳驿，朝饭长木铺。雪中痛饮百榼空，蹴踏山林伐狐兔。眈眈北山虎，食人不知数。孤儿寡妇仇不报，日落风生行旅惧。我闻投袂起，大呼闻百步。奋戈直前虎人立，吼裂苍岩血如注。从骑三十皆秦人，面青气夺空相顾……"在《大雪歌》中的诗句如

50

下："千年老虎猎不得，一箭横穿雪皆赤。挐空争死作雷吼，震动山林裂崖石……"在《建安遣兴》中，又有如下之句："刺虎腾身万目前，白袍溅血尚依然。"其他还有《步出万里桥门至江上》《闻虏乱有感》等诗中写到打虎的情状。一句话，陆游打虎，千真万确，栩栩如生，如果将这些诗句贯穿起来，大致有如下一幅画面：

四十八岁的陆游，在从军南郑期间。一次公出时，宿于沔阳驿。雪夜之时，他喝了一些酒，乘着酒兴，去山中打猎，三十多位西北籍军士同行。行至山深处，人们告诫他：这里老虎经常出没，曾有不少人被老虎吃掉，劝陆游回转。陆游听说后，考虑的不是自身的安危，而是为民除害的大计。他大声呼喊："跟我来，打老虎去!"声音洪亮，震动山野，威势吓人。而老虎果然来了。这时的情状是：三十位随同的西北籍军士吓得脸色发青，而陆游却继续向前；于是老虎直立扑来，一副"虎人对立"的场景出现；陆游挺矛再向前，扑来的老虎被刺中；虎血喷溅了陆游，衣衫和岩石一片赤红；在众目睽睽中，陆游将老虎拖回城里……

陆游一生，以爱国著称，又以诗酒自许。爱国是公论，诗酒则可见他83岁时作的诗"百岁光阴半归酒，一生事业略存诗"的自咏。值得一提的是，人们对他的公论或他的自许，常常结合得很自然。因为他一生中写有近万首诗，且突出爱国的主题，所以有爱国大诗人的称号。又因为陆游常将作诗与饮酒结合起来，所以也有"诗酒陆放翁"的誉称。即以那次打老虎来说，他是在喝了点酒后的出猎之际而出手的。那场面的壮烈、火爆、血腥，且声势夺人。以及他将打虎之事多次记录下来，也是在诗酒结合的状态下完成的。

原载《华夏酒报》

诸葛亮酒经

人人都知道诸葛亮足智多谋，忠贞不二，有"鞠躬尽瘁，死而后已"的名句，有前后《出师表》《隆中对》《诫子书》等名篇。但很少有人知道诸葛亮还有"一本"很好的酒经，对饮酒的适宜程度、制酒的传承方法、将酗酒误事和正常饮酒分开等方面有所论述。我因为多次去诸葛亮后裔的聚居地——诸葛村采风，才发现了这项内容，下面分三方面说说诸葛亮的三点"酒经"。

一是治政不治酒，将酗酒滋事和正常饮酒分开。

诸葛亮辅佐刘备后不久，即入蜀建国，形成了魏、蜀、吴三国鼎立的时代。蜀土自古称富裕，饮酒的风气很盛。在东汉末年亦然，《三国志·蜀书·董和传》："时俗奢侈，货殖之家，侯服玉食，婚姻葬送，倾家竭产。"说的就是蜀地的饮宴风气之盛。有鉴于此，入蜀之初的刘备，一度下令禁酒；并宣布"酿者有刑"。然而，"酒、色、财、气"乃人生四大欲求，岂是一纸禁令所能解决问题。尤其是军政人员，纵酒者仍不乏其人。如早年的蒋琬，"因己才不得大用"，而"众事不理，时又沉醉"。惹得刘备大怒，"将加罪戮"；幸亏诸葛亮以"人才难得"的大道理代为求情才得免罪。又如车骑将军刘琰，也有"酒荒之病"，并因此而受到诸葛亮的"责让"。以上是一些饮酒误事的例子。不过，就总的饮酒"阵营"而言，也有虽饮酒但不误事的，并从中显示出另外一种信息的事例。如代行尚书令的费祎，早年出使东吴，孙权每以好酒款待并劝饮，目的是：通过劝酒致醉，在费祎迷迷糊糊的情况下，套问些蜀国的情况；但是，费祎虽然嗜酒，但头脑清醒，在未醉前就推辞说"喝醉了"，"不能再喝了"；而且还在回到寓所时，回忆酒席上说过的一些话，看看有否误事误国的。通过一些典型饮酒事例的分析，诸葛亮认为：饮酒误事，不在酒的本身，而在饮酒者的态度和控制能力。只有通过宣传、奖罚等措施，适度处理纵酒无度者，以及引导嗜酒者适度饮酒，才是好办法。为此，诸葛亮并不主张禁酒，所以后来蜀国并未形成禁酒的局面。由于蜀国地域大，饮酒风气盛，于是酒税方面也得到"丰收"。所有这些，都和诸葛亮将政事、军事和酒事恰当地分开有关。

　　二是通过《又诫子书》的形式，论述饮酒之道，即饮酒应遵循健康的轨迹。在《诸葛氏宗谱》中，除载有《诫子书》等名篇外，另载有《又诫子书》一文。这是诸葛亮写给嗣子诸葛乔的一封家书。原因当然是：蜀中饮酒之风盛行，必须引起重视；否则将会有不测的情况。这是一篇有关酒文化的文章，那么，诸葛亮的《又诫子书》写了些什么呢？且看下文：

　　夫酒之设，合礼致情，适体归性，礼终而退，此合之至也；主意未殚，宾有余倦，可以至醉，无致迷乱。

　　短短三十七个字（标点为笔者所加），大致有三个方面内容：其一是"为什么饮酒？什么时候适宜饮酒？"他认为饮酒要"合礼致情"。合礼就是招待客人时，饮酒不可少；换言之，饮酒主要作待客之设。只有座上有酒，这才合乎待客之道。其二是"适体归性"，也即适量饮酒有好处。好酒有味，是人的食欲所求，而且只要饮用得体，对人体也有好处。其三是"适度和尽情"的尺度。

这方面他讲得比较具体。人的禀赋因先天而有所不同，有的人一杯就醉，有的人三大碗尚不解渴。所以关于饮酒要适量有个"因人而异问题"。具体是：在招待客人时，以不醉为宜，至微有醉态仍欲饮酒时，应加劝阻，总之以不滥醉如泥或不说糊涂话为标准。从上述三方面来看，诸葛亮的酒经，对今人来说，也是适用的。

三是从《又诫子书》延伸出"诸葛家族制酒有方，传承有序"的传统，延续至今。前面说到，诸葛村不仅有"家家制红酒"的传统，据说少数诸葛亮后裔持有制蜜酒的秘方。这说法虽然宗谱无载，但从诸葛村人的口头传递上可得到印证。这说明是诸葛家族对酒文化的贡献。如前面讲到诸葛浩峰，向我出示的一种酒，酒体青亮，飘洒清香，其味辣甜。喝惯了"城市酒"的我，一下子遇上"新生事物"，开始时不知该如何评述。说它是白酒嘛，白酒无甜味，说它是米酒吧，又相当辛辣，凭直觉此酒大致在四十度左右。看到我这样的疑虑，诸葛浩峰说："这酒方是他的父亲诸葛志培传下来的，虽说是和酒，但'和'必须得法，和得好，酒气清香，酒色清澄，酒味甘醇，才是好酒，而且保存得久远。"现实例子是，前些年，他开了家致远酒馆，既卖大路酒，也卖自己家做的土酒，如土制的诸葛红酒和诸葛蜜酒。有一次，一批温州人在游完诸葛村诸多景点后，到他的致远饭店吃饭喝酒，当他拿出自己家的蜜酒给游客喝后，大家一连声地说"好酒好酒"，并且约定，每年来买酒，每斤三十至五十元不等，以诸葛浩峰开价为准。说明此酒受到欢迎，也说明得益先祖在《又诫子书》中对我们告诫——做酒要注意"适体归性"。

抗倭前线的"人头酒宴"

　　"来人，斟酒！"话声甫落，伺候在一旁的兵丁擎起酒壶，为座上的众多的酒客挨个斟上了酒。

　　"来人，带上人头！"等候在厅外面的兵丁，应声提着血淋淋人头，走入大厅，并安放在座上。

　　"诸位，来，大家干杯！"主座举起酒杯，向酒席间的麾下及许多幕僚示意，然后一饮而尽；而席间的诸多属下，也都来个一口干。

　　人头不只一颗，共有二十多颗，酒不止一杯，共饮了二十多杯，也就是说，一颗人头，喝一杯酒，共喝了二十多巡（杯）。

　　这酒是黄酒或是白酒，未能确证，而二十多颗人头都是倭寇，却是有文字记载。

　　那么，这酒宴的主人是谁？这共饮者又是些什么人？这二十多颗人头又是哪些人？

明代嘉靖年间，对于江南一带的人来说，最大的祸患是倭寇入侵。那是一支由日本浪人为主导，有中国海盗参与的队伍。由于日本人为主导，故有长兵器之利，又由于中国海盗的参与，对地理环境就十分熟悉。初期，明皇朝的边防军与之接战，总是处于不利，原因是倭寇所用的刀略长且锋利，"一跃五丈，盖头劈来"，势难抵挡。明军除退守城市，别无良策，江、浙、闽一些被倭寇攻占的乡村，受尽烧杀奸掠之害。

嘉靖三十三年，朝廷令张经总督军讨倭。三十四年初夏，倭寇侵绍兴。十月，有翕山之战。人头酒宴写的就是翕山斩获敌首后庆功的情状。由此可知，这酒宴主人是张经或俞大猷，参与者至少有一个叫徐文长的，因为人头酒宴场景的描绘，就出自他的《翕山之捷》一文。

那时节，徐文长还只是抗倭前线的一名书生、秀才。他积极参加抗倭，既是展示抱负，更是保卫家乡。有一天，他和同窗吴兑从稽山书院出来，在南街的小酒店喝酒，恰有四个兵丁也在那里豪饮，且不肯付钱。吴、徐二人很看不过去。而四个兵痞认为"关你何事"。

为了教训这些败坏军纪，酗酒不付钱的兵痞。吴徐二人出去后，分头约了七八个同乡，一齐扑向四个喝醉了的兵丁，剥了他们的军衣，这时候这四个军痞才认错付钱了事。

抗倭战局的彻底扭转，大致自胡宗宪主持闽浙军务始。嘉靖三十六年，胡宗宪受命督师抗倭。此前，武的方面麾下已有俞大猷、戚继光等名将。文的方面，网罗了沈明臣、徐文长、茅坤等名流入幕策划。以发挥戚继光的作用来说，胡宗宪十分支持他编练新军的倡议；首招三千义乌兵，教以"鸳鸯阵法"及使用实用性极大的狼筅等新武器。即在平原开阔地域接战时，有十多人组成盾牌阵，由持狼筅（前梢带枝杈的长杆毛竹），在敌人尚不够举刀的距离时，扫倒敌人，然后由持枪军士突前刺死。这一阵法试用，击垮了倭寇在平原作战的长刀之利。战局迅速扭转，使明军由战略防守转入战役进攻。捷报传来，抗倭将士和幕友又有了诗酒唱和、一显身手的机会。如徐渭有《凯歌一首致参将戚公》诗：

> 破贼书来鸟共飞，江东谢傅喜生眉。
> 即召记室横笙管，共泛楼船倒玉卮。

诗中将主帅胡宗宪比为谢公，捷报传来，不仅是庆贺胜利，更是新式战法的成功，彻底平倭指日可待。诗中还向戚继光透露：收到捷报后，主帅立即召我起草文书，向朝廷呈报，还将在楼船置酒庆贺的场景，也透露给戚继光；让戚共同分享帅府的欢庆和喜悦。

虽说身处抗倭前线，但也有闲暇时，幕僚就以打猎为乐。有一首《观猎篇》的诗，写徐文长诗酒狂放，彻夜不眠的情态，出自沈明臣的手笔：

> 闻君亦向田间饮，割鲜击缶醉欲甚。
> 抽毫自制羽猎篇，半夜长歌不成眠。

由于抗倭前线已经扭转大局，开始频传胜利捷报，为了庆功，酒宴当然不只人头宴一种。更多的是取得了胜利，相互间的诗酒唱和。有一次，总督驻衢州，密令五千兵星夜渡海，直入舟山定海、沈家门诸岛，直捣倭寇的老窝，见一个杀一个，要将士们拿人头来报功，在烂柯山下以诗酒庆贺时，在幕府中作诗最多的是沈明臣。他是明朝的大名士，闻此喜讯，精神振奋，诗兴大发，即席写了一首《凯歌》的诗：

> 衔枚夜渡五千兵，密令军符号令明。
> 狭巷短兵相接处，杀人如草不闻声。

当此诗在烂柯山下召开庆功酒宴时传开后，主持酒宴的主帅胡宗宪十分欣赏，尤其对"狭巷短兵相接处，杀人如草不闻声"两句。，命令刻石记录。总的说，从抗倭前线众多诗酒活动，可见当年酒宴与战功，是密不可分的。

原载《公关信使报》

郑板桥与酒

　　郑板桥以诗书画名世，有"扬州八怪"（之一）之称。其实要说怪，郑板桥也只怪在作画时不合常规章法，做官时，不随官场世俗，而多考虑创意及民间疾苦；在书画或做官时，多显示个性之故。而郑板桥在对待饮酒的态度上，也是既怪又不怪的。且说几件轶事。

　　一、"有酒学仙，无酒学佛"说。

　　据载，郑板桥曾说过："有酒学仙，无酒学佛"，也有点儿与一般饮酒人不同。其实这句话的原始出处是：陈继儒的《小窗幽记》。其卷十一曰："酒能乱性，佛家戒之。酒能养气，仙家饮之。余于无酒时学佛，有酒时学仙。"郑板桥只是化用它来论酒的饮用。因为这个说法很好。

　　那么有酒怎么个学仙呢？用他的话来说，就是要洒脱、自在、悠然、慢慢地饮；不要"狼吞虎咽"式的豪饮；而且要节饮，也

饮
酒
文
化

即不要过量饮酒。远离俗情。就是他理解的"酒能乱性，佛家戒之。"可见他对于有酒喝时的态度是何等的悠闲自在啊！这和李白的"斗酒诗百篇"后滥醉如泥的姿态是完全不同的，换言之，要斯文得多。

郑板桥的"无酒学佛"又是什么呢？亦是他所理解的"酒能养气，仙家饮之。"也就是无钱买酒时，或无酒可饮时，可以克制一点儿，从权一点儿，不要去想它，换句话说就是无钱时省一下吧，不应该非得喝酒不可。话外的意思是：不必为了喝酒去赊借，像陆游或孔乙己那样，无钱也要赊酒喝，那是为酒所累了。

二、误中"狗肉计"轶事。

郑板桥一向讨厌富贾豪商，认为他们虽然有钱，但大多粗俗不可耐，所以尽管人家出银子，也从不肯为商人作画。有一天，郑板桥走在一条小巷中，忽然飘来一阵狗肉的香气。"爱吃狗肉"，这可是他的爱好之一哩！于是，他循着肉香走近一家院落。推开门一看，这户人家陈设十分雅致，主人是个老者，正在抚着琴，曲子也不俗；桌子上摆着老酒和狗肉，那肉香正是桌子上盘子里所发。一曲听吧，郑板桥正想和老者搭话，不料老者主动邀请郑板桥入座品尝。席间，把酒论琴，言颇"投机"。转眼间晚色已近，郑板桥欲起身告辞。但一想，人家酒肉相待，总得有所回报吧，于是就索来笔墨纸砚，连字带画，一连作了多幅，以表谢意。过后也就将此事忘怀了。

过了些天，有位大盐商摆酒请客。席间挂起一些名家的书画；其中有郑板桥的几幅。郑板桥听说后，特地去看了下，原来那天遇见的"抚琴的老者"就是那个盐商指使的人，才知道自己误中人家的"狗肉计"，被"骗"去了一些字画。不过，仔细一想，这个富商并不是俗不可耐之人。

三、欠酒钱二两的欠条。

二十三岁那年，郑板桥和同城的徐氏小姐成婚。为了养家糊口，他就去真州的江村当了一名塾师。那时节，郑板桥尚未成名，日子过得不是很宽裕，用他自己的话来说"半饥半饮轻闲客，无锁无枷自在囚"。郑板桥喜欢饮酒，烦闷时常去村口的小酒店喝酒。在当时一般是通行"赊欠"酒钱的，郑板桥自己也不例外，常常是喝了酒之后，暂不付钱，在本子上记着一个数目。一走了事。可是，有那么一次，郑板桥喝了酒之后，店主一定要他付钱，说是欠多了以后说不清。郑板桥没法，根据欠下的酒钱数，只好写下"欠酒二两"的字据。

后来，郑板桥因诗画而名声逐渐远扬，他的字画亦越来越值钱，酒店老板当然知道行情，这欠酒钱二两的字条，当然比真正二两银子更重要。

这欠酒（钱）二两这张欠条的价值，就不仅仅二两银子；所以老板藏起了欠条，不再要郑板桥凭欠条还银子了。

一醉方休朱彝尊

朱彝尊，号竹垞，浙江秀水（今嘉兴）人，清初的诗文大家，和王渔洋（士禛）并称"南朱北王"。康熙年间举博学鸿词科，授翰林院编修，参与纂修《明史》。后入直南书房。

古代的诗文家大多爱饮酒，且都有一些饮酒后轶事，但像朱彝尊那样狂放不羁，饮酒无度，恐怕只有和前朝人徐文长可比了。有一句时评很能说明情况。海内知名人士赵秋谷在作《谈龙录》时，评之为"朱贪多，王爱好。"不仅指诗文，更是指饮酒，意思说，朱彝尊贪杯、滥醉，王渔洋只是爱好，喝点酒。那么，朱彝尊的诗酒狂放表现在哪里呢？大致有以下三方面。

一是一醉方休忘乎所以。朱彝尊是秀水人，秀水和杭州，二地相距，不过二百来里路程，所以，朱彝尊常有时机去杭州游玩、作客。有一次，他和远在岭南的友人粤东诗人屈翁山一起在西湖的一处酒楼饮酒。"拍浮屡日"，渐入醉境，终至忘乎所以。在来了诗兴后，向酒保索得笔墨，在墙壁上题起诗来。然而，当他的

"诗句"落上墙头后，禁不住让同桌的屈翁山也有点儿局促起来，原来，朱彝尊题的不是诗，而是一句话，曰："勿轻视此楼，秀水朱十、南海屈五，曾留此信宿。后有登者，作仙人黄鹤楼观可也。庚子九月晦日。"题句中的朱十，即朱彝尊，因他排行第五，故称。屈五系指同饮者屈翁山。屈为什么感到局促？因为在他看来，这样的题句，若是常人，则是疯子；现在是大名人朱彝尊，虽不太过分，但为人岂能自夸！只是因为一醉方休后所题，情有可愿；便宜了小酒店罢了。

　　二是一醉方休忘乎形迹。由于朱彝尊有很高的诗名，常有赴京就仕的机会。一次，他和高念祖同去京城。古时出远门，总是轿子、马匹或船只；但以乘船的居多。朱彝尊上京城，也是一叶扁舟，慢悠悠的前进着，到一个地方停一停，到了晚上就泊舟休息，等第二天早上才赶路。只是，每当傍晚泊舟于船埠头，稍许一息时，就找不到朱彝尊了。到哪里去了呢？大致猜想是到小镇的店里喝酒去了；过些时总会回来吧，然而，同船者左等右等，高念祖焦急万分，都不见朱彝尊回来。于是，只好派人去镇上找。谁知找来找去，朱彝尊并未在慢悠悠的饮酒，而是在酒垆下进入了梦境。原来，朱喝了酒后，自以为该回船休息，但走不了几步，不自觉的坐了来打盹，不知不觉就睡着了。至于，喝酒时的放浪形骸，不拘礼度，更是不在话下。

　　三是一醉方休忘乎尊严。朱彝尊不仅诗文好，对对子也特别来得，而且几乎是与生俱来。朱幼稚时入私塾，一次，塾师以"王瓜"两字，要小朱彝尊对出对子。朱应声说："后稷"，对子恰当且工整，但触犯了塾师的禁忌，被打了手心。朱彝尊家境贫寒。十七岁时入赘阳冯村冯家为婿。一天，冯家来了贵客：华亭名士王鹿柴。冯公自然用丰盛酒宴招待。席间，王名士出了许多古代人名要朱彝尊对出。当报出"郑虎臣"时，朱立即应以"沈麟士"，报出"蔡兴宗"后，立即应以"崔慰祖"，报出"郑樱桃"后，当即对出"郭芍药"，速度之快，除了反映出朱彝尊的灵敏。知识丰富，更让王鹿柴大吃一惊。不过从另一角度看，朱对长辈的尊重有些欠缺。朱是个非常爱读书求知的人。有一次，为了求得阅读一本书，竟然使出以酒相会的办法。据《新世说》载，他有个朋友名叫钱遵王，著有一部《读书敏求记》的书，秘笈自珍，朱彝尊多次想借，都不能达到。而且钱遵王十分警惕，用一只藤箱装它，外出时亲手带上，做到人不离书。后来终于有了机会。在一次大会江南名士于秦淮河时，由于通宵饮酒，书虽由钱遵王随身带着，但由书童保管着，朱就乘此时机，雇了十多个抄手，并且贿赂了书童，打开书箱，现场抄写。当时是：一边在通宵饮宴，一边则在偷偷抄书，至天亮前，终于全部抄出。这酒真是帮了大忙。不过，朱彝尊做的这件"一醉方休忘乎档次"的事，在当时的文坛上却是议论纷纷。朱彝尊就是这样一个诗酒狂人。

三、名片和店名

谒·刺·帖·纸·片

——名片组合谈之一

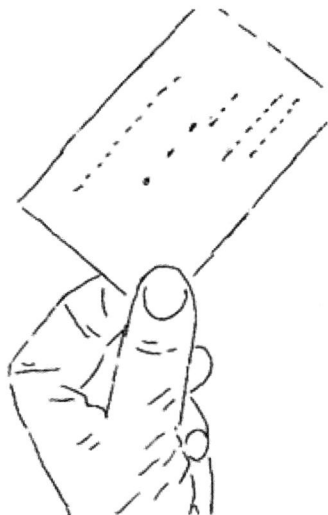

　　名片由硬件和软件两部分组成，前者有形、可感，有长方、正方（折叠成长方）、圆形等多种；后者由：文字、标志、线条、块形吉祥物等图文构成，并且用各种色彩加以表现，起着传递信息、交流感情、美化观赏乃至用作收藏。

　　我国的名片约起源于春秋战国，经历了谒、刺、帖、纸、片等五个发展阶段，迄今为止，已有约二千三百多年历史。西汉以前，士大夫间使用一种称作"名谒"的东西，作为访客时通报姓名之用。是最古老的名片。据考古称，三国时的东吴大将朱然，有三枚"名谒"已被发现。称"名刺"阶段约在东汉以后，它比"名谒"要小得多，更接近于今天的名片。元稹《重酬乐天》诗：

"最笑近来黄叔度，自投名刺占陂湖。"印证了唐代时使用"名刺"的情况。唐宋以后，由于用纸制作，属称"名帖"阶段。宋代流行的门帖、门状，明代拜年用的飞帖、飞片，都是名帖的别称。清代时拜谒或访友以通报姓名和身份的叫名纸。乾隆四十四年三月的一天，赵翼与袁枚在西湖不期而遇。两人均是乾隆三大家之一。但相互并不认识。不知怎么一来，赵翼知道袁枚就在眼前。这是一个极好的机会。即递上名纸，袁枚知道慕名已久的人就在眼前。相互相交谈后。袁枚作有《谢赵耘菘观察见访湖上兼题其所著《瓯北集》诗，开句为"乍投名纸心已惊，再读新诗字字清。愿见已经过半世，深谈争不到三更。"

我国现当代使用的名片，约出现在清末民初，是参酌西方名片式样而逐步形成。

古代名片的材料，为竹、为木，《陔余丛考》："古人通名，本用削木书字。"唐宋时的名帖、门帖，明代以后的飞帖、飞片，均为纸质。不过，古代也有用特殊材料，如绸、棱等制作名片的。《涌幢小品》载："张江陵盛时，诣之者名帖用织锦，以大红绒为字。"

古代的名谒、名刺、名帖等，就尺寸而言，一般都要比现代名片大许多。进入现当代，名片的质料向多样化发展，除大多数为纸质的外，首先出现塑料名片，有的乃至用银子作名片等，作用是猎奇。

明代的名片，大多用于同僚间互通姓名，致意问候的作用，已具平辈间介绍使用。亦有称呼为"飞片"的，一般用于给上司、长辈拜年。现代社会的名片，最初的作用是互通姓名，交流地址，便于联系，但随着工商业经营的发展，名片已发展具有广告的作用。如不少厂家的名片大都为单向型，即学生拜见师长，下属拜谒长官，用以通报姓名，等候接见之用。大多印上本单位的产品、质量、等等内容。更有一些名片，虚印头衔，隐印本职，以抬高自己的身份。如某地方高校的一位教师，有教授职称，退休后受外单位延聘，在名片上竟印某部属高校教授。在这里教授之职称无误，但印某部属高校却是水分。

　　就名片的装饰而言，汉代以前缺乏资料，但自唐宋时用于官场拜谒用的名帖，大都用红纸书写衔名，以表示吉祥；也有在红色名帖上束一白纸条的。为了郑重起见，古代的名片，大都用盒装，叫作拜盒，用来盛放名片。

原载《人民代表报》

名片排列的疏密

——名片组合谈之二

作为公关第一道风景的名片，如何做到排列得体，疏密有姿，且突出主题，不仅仅体现名片主的身份气质，也和名片的设计、制作者的文化素养有关。

一般说，外向型的名片主喜欢在名片上印上许多头衔，将实职和虚衔，职务和职称，大衔和小职，统统搬上名片，而且不管名片上是否挤得下。笔者有个朋友在某师范学校任教，该校系著名平民教育家陶行知先生创办，校建有"省陶行知研究会"。由于陶行知先生在教育界的贡献和地位，各市、县也都设有"陶行知研究会"。这位朋友由于是省陶行知研究会的秘书长，为此也被各地市的陶行知研究会聘为顾问。他在名片上不但印上省陶行知研究会的秘书长，还将每一个县的陶行知研究会的顾问虚衔统统印上。正面印不下，就在反面续印下去；将一张名片排得满满的。这样的设计是否妥当，各人有各人的看法，不过，笔者认为这样有主从不分之嫌，又似乎太芜杂，当笔者将此意见告诉他之后，友人却说："这是一种参加研究会的工作名片。印上诸多头衔，说明对他们的尊重。"啊，原来有此等讲究。另有位朋友系龚自珍纪念馆长，社会兼职有省市书协的秘书长常委，书画研究会的委员等近十个头衔，他将他们统统印上了名片，形成了左上方偏大偏

70

这是一碟瓜子

重的格局，这是一种排列失衡式的名片。

名片排列的疏密，还反映在不同的使用对象上。有位柳君系图书馆员，性格比较内向，爱好印学和书艺。他设计的名片为直式，正中仅柳君姓名两字，使用时在名下盖一鲜红印章，名片极为简洁，取色颇为明快，风格亦见古朴，在许多名片中独树一帜。笔者亦备有多种式样的名片，在不同的场合作不同的使用，如一种"一加二"式的名片，仅一个姓名加二个电话，以简洁的立意，在文化人场合使用，另一种除印上供职单位外，加印某某报社特约记者头衔，在采访调查时使用，再一种姓名、单位、电话、地址、职务、职称等一应俱全，在公务交往中使用，费用当属报销之列。

名片排列的疏密，还和字体的选择及字号的大小有关。一般说，黑体浓密丰满，宜用于应突出的内容，楷体和行楷较为清秀，女同胞比较感兴趣。魏碑有古朴庄正之美，文化人常选用它。据有十几年名片制作经验的杨志宏说，在用字的大小方面，生意人喜欢用稍大的字，文化人用字较小，而农民大都想在名片上排满内容。还有，广告人或画家的名片，大都在名片上勾勒本人的头像，以推销一下自己。对名片也喜欢用较为特殊的浅显的黄或灰色。

名片排列的疏密，就形式而言，有斜行式，条块式，中空式，线分式，图文式等，就风格而言，有排列较满的壮美，有字迹较为清丽的秀美，有内容较少的空间美，有设计比较独特的新颖美，就式样而言，直式有传统味，横式比较流行，用彩色名片比较明丽，用白片显得简朴。随着科学文化的不断发展，名片的使用将不断扩大，名片的排列形式也将不断扩大和丰富。

名片的标志

——名片文化组合谈之三

如果您留意一下，不少名片的左上角有一枚彩色的图案，圈内人士一般呼之为名片的标志。它起到标明单位、装饰名片或表明使用者心态的作用。它的出现并被广泛采用，标志着名片的文化含量的升格。

名片的标志起源于比较广泛使用的现代。在我国，谁最早在名片上用上标志，无文字资料可考。笔者掌握的资料是：象棋"棋王"谢侠逊最先在名片上使用标志。

1937 年春，杭州基督教青年会文体部，应群众的要求，举办了一次"江、浙、鲁、闽"四省象棋名手邀请赛，特聘在上海的"象棋总司令"谢侠逊来杭州主持赛事。由于这是旧中国时声势最大的比赛之一，而且最后由浙江棋手董文渊夺得冠军，为此，浙江方面十分重视。比赛结束后，杭州著名士绅高子白（杭州著名布庄高义泰的东家）宴请"棋王"谢侠逊并邀请四省的代表选手作陪。席间，谢侠逊递给高子白先生的一张名片，直式，中间为谢宣两字（谢侠逊的字），左下角印通讯地址，右上方有《时事新报》象棋专栏编辑并一枚象棋子—帅，这可看作最早在名片上使用的标志。

名片的标志，就大类而言，可分为直观感受、间接体会、变形隐喻等多种。如有一种结婚纪念名片，大红底色上有一烫金的圆形"喜"字，这是直接感受式的标志。又如律师执业者大多为知识分子，都有使用名片的需求，于是许多律师在名片上加了个天平的图案，这是间接体现公正的一种名片标志。再如浙江泥人研究所，名片上印有一个"异形三角形"的图案，是"泥人"两字的变形，这是变形暗喻式的标志。

名片的标志既然有装饰美化的作用，就不可能没有使用者的心态。大致有以下几种：一，宣传本单位，追求知名度，带有广告的性质。如浙江丝绸博物馆的名片，为一个圆形的灯笼，中间有一"丝"字，寓庆贺之意，其意是宣传杭州丝绸。二，色彩装饰，以求美化名片的标志，如有个名片的标志是个外圆（金黄色）内方（红色）名片的图案，色彩鲜明且调和，虽然它也寓有"地球上造房子"的意思，但在名片上，更多的起到装饰的作用。三，表明心态，亦是名片标志的一种功能，如中国科学院院士、上海昆虫研究所研究员尹文英的名片的左上角，印着一条毛毛虫，原来，这种虫叫原尾虫，长不过一毫米，在自然界很难找。尹文英从事的是水生生物研究，这种虫正是她的研究对象之一。有一年夏天，她去浙江的天目山采集昆虫标本，在一座大庙前发现了它，就拔下一根头发，弄湿后将它粘入瓶中，从此，她和原尾虫结下不解之缘，还以此发表过 70 多篇论文。

名片的标志千姿百态，设计水平高低不一。以银行业所使用的名片而言，中行、建行、交行、农行所设计的名牌标志，笔者比较拉家常农行的标志：一株禾稻上结满饱满的谷子，本该用金黄色以丰收，但设计者用的是绿色，既表示绿色的田野，又寄托寓丰收在望，在视觉上还显示青春之意。

笔者收集的材料极为有限，所以举例的面不宽，欢迎众多名片使用者馈赠有特色的名片。

名片轶闻

——名片文化组合谈之四

　　从古至今，名片从在士大夫中间流行，到平民百姓比较普遍的使用，从单一的拜谒、投刺、递帖、到今天的相互交换，传递信息，乃至搜集名片的相关资料，研究名片的文化现象，在这个过程中，不乏一些趣闻轶事。现选录数则以窥一斑。

　　一、名片大得吓人。

　　我国最古老的名片叫名谒。有个故事说的是失谒的事。秦末汉初，刘邦聚众起义，驻军陈留，有个名叫郦食其的儒生要求见他，就"踵军门上谒"。也即递上名片，请求通报，要见刘邦。可是刘邦讨厌儒生，不愿见。郦食其大怒，"嗔目按剑叱使者曰：'走，复入言沛公，吾高阳酒徒也，非儒人也！'"由于声色俱厉，口气很大，吓得使者将所持之谒失落于地。于是，"跪拾谒，还走，复入报曰：'客，天下壮士也'。"这个被吓失手落地的名谒，就是最古老的名片之一，据说长24.8厘米，宽9.5厘米，厚3.4厘米，如果不是写上姓名，并作为通报之用，我们完全有理由相信它是一块木板。

　　二，百刺测神童。

　　三国时，魏国大将夏候渊的小儿子夏候荣，聪明绝伦，七岁能诗，日诵千言，经目辄识，近远知名。魏帝为了测试，就召见他。其时座上宾客上百人，每人均有一张名刺，上面写有各人的姓名和职位。曹丕命人收集各人的名刺后让他看；夏候荣看过后能过目不忘，对答如流。"与之接谈，无一差错。"大家赞叹，这个神童果然名不虚传。

三，名片上比较拍马屁。

宋代时，名片已开始用纸制作，称为名帖。名帖有个分支叫门状，即下属求见上峰的名片。据《精忠旗》载，有一天，秦桧奸党何俦、罗汝揖、万俟窝，要一起去拜见秦桧，共商与金兵议和之事，他们的门状的具称，一个写晚生何俦，一个写门下晚学生罗汝揖，一个写"门下沐恩走狗万俟窝"，门状递上去后，何俦自叹勿如说："约定都写官衔晚生，为何又加'门下晚学''沐恩走狗'字样，我又不如了。"也即拍马屁也拍输了。

四，名片贺年说"易刺"。

古代没有贺年片的说法，但用名片之类贺年的不乏其人。《癸辛杂识》上载有一则吴国丈《送刺》的故事。是说《癸辛杂识》作者有个表舅吴国丈，性滑稽。有一年大年初一，准备给亲友们送张贺年片去，但却没有仆役可差遣，于是在门外徘徊，适逢沈家仆人送贺年名刺来。于是，灵机一动，想请沈家仆人顺便代投，便将他引入室内，以好酒好菜招待他，沈家仆人酒足饭饱后，糊里糊涂地将吴国丈的名片都抱了一起去投送，但忘记了原来的名刺。沈家仆役并没有觉得有什么异样，而其实，他所投的都是吴家的名刺，被人们当作笑料来说。

原载《公关信使报》

负载文化知多少

——名片文化组合谈之五

　　由于使用名片的外延不断扩大，现、当代的名片面积尽管缩小了，但其文化含量却在不断地丰富并呈多样性，从单纯的通报姓名、署上称号，逐步向广告宣传、喜庆寓意，表述心意，求职谋业，显示才华，收藏编次等方面发展。

　　名片的文化含载，可分为公使用和为私使用二类。为公所用的以工商企业名片为例，显著特色是广告属性，如正面印上单位名称及公司标志，有的建筑公司还旁注"国家一级施工企业""重合同守信用单位"等。更有的还用双面印的办法，在背面印上经营范围、服务方式、银行账号等等，以表示自己单位比较牢靠。为私使用的名片更看重姓名的后缀部分——职称、职务等，如印上教授、博士生导师、处长、主任之类，以及兼职的单位等。有一种彩照名片，广告色彩较淡些，但"推销"自己却十分突出，如有位年轻的供销科长，经人介绍后谈女朋友，递上的一张彩照名片风度翩翩，起了很大作用。

　　为公使用的名片中有相当数量是机关或事业单位，它们也印上单位、标志等内容，是以展示单位属性为主旨，而不是以功利为目的。如工商管理干部的名片，大多有"红盾"这一标志，律师的名片，有些喜欢标上"天平"这一标志物，以示公平。更有的在名片上外出上服务宗旨及电话号码等内容，分发给不相识的旅游者，使他们倍感亲切，如1997年的旅游旺季时，杭州的民警在轮船码头分发警民联系名片，很受外来游客的欢迎。

个人使用名片，由于形式更为多种，文化含量相对更多一些，这是因为个人使用的名片，大都为文化人持有。画家使用名片喜欢在名片上描个头像，自由撰稿人则多在名片上印些人生箴言，有些书法家喜欢印上各式各样的社会兼职，年轻人老是将交友箴言之类的搬上名片。新近出现一种求职名片，自我"推销"，省却不少事务，有的效果还不错。如1997年广州市12届企业人才招聘会，有位女大学生在求职名片上勾勒出自己画像，又描绘自己爱好篮球、书画、无线电等。这类名片，富有创意，许多单位都愿聘她，是因为她的"求职名片"起了作用。另据报载，苍南县石坪乡的渔民，为了促销本地的水产，设计了一种广告性质的名片，广为散发，不久就得到信息反馈。

名片文化的多重性，还反映在"系列名片"的出现，如1995年时，浙江搞过一次"名片艺术交流会"的活动，西安有一位黄君寄去了一套四枚的"系列名片"，设计成四种色彩，画有主人公的漫画像、写有警策语等内容，可谓别出心裁。

名片作为公共关系的传播物质之一，本身就寓有文化属性，随着使用者的各种创意及不断投入，它的文化内涵将不断提升。

原载《公关信使报》

名片的外存文化

——名片文化组合谈之六

　　名片既然有了文化现象，就必然会反映在传播形式、保管收藏、文物属性等等多个层面。也说明名片的外存文化的丰富性。

　　名片如何传递？就古代而言，由于它的单向性，而且是通过仆役或下属递交的，所以投递者并未双手递交；当然，仆役们向主子上递名片时是双手递进，有的乃至是跪着递进的。这类文化现象的存在，反映出古代时名片文化的封建性、等级观念严重。但是，从明代起的贺年名片，俗呼为飞片、飞贴，由于当时风行相互祝贺，且数量较多，接收较繁，一方面是派仆人分送，另方面是在门前置门袋以接受名片，这种情况，已谈不上什么礼仪了。

　　现代名片均为交往性质，且总是当面递交，为此，如何递交名片，就成了公关的第一道风景，特别是在较为庄重环境下的名片传递。1996年的一次，李鹏总理在一次外事活动中，一位外宾在全身起立后，双手递上一张名片；李鹏总理毕恭毕敬地用双手接过，这是出现在新闻联播中的一个镜头，可以看作是：一个标准的名片外存文化。

　　平常的名片传递，如朋友间的交往或客户接待，由于大都在坐下后进行，可适当随意些。如近些时电视剧中出现的名片传递，边接边谈的大有人在，但亦需保持谦和的姿态，或说声"请指教"

之类的话。

收藏或保管好名片，亦是名片的外存形式之一。在接受众多的名片之后，如何梳理、编配、保管并收藏好名片，以备需要时取用，亦需作些工作。笔者访问过几个名片之友，现将一些想法略述于下：一般名片较少者，可按先后次序放入名片簿或名片册，这类方法比较简单，可操作性较强；有些搞业务的人，由于收录的名片较多，经过一段时间的积累后，可采取按行业或按地区分类名片，并纳入名片簿或名片册；以便需要时取用。还有一些人由于收录的名片数量很多，是否采取按姓名笔画录入名片册，或存入电脑。上述一些名片收藏的类型，除第一种以收录为主外，第二三类都有是为了更好的使用好名片；是名片的外存文化的主体。

名片的收受和收藏，还含有文物意识。一般说，大人物的名片，极难获得，但颇有文化价值，收下名片后，应予以重视和保管，说不定以后会成为文物，最好记录下收受名片的时间、地点和当时的背景等资料；如果带有故事，则更加理想；现在科技发达，如果用相机记录下传递、接受名片的镜头，则更为理想。一般的名片，如果艺术效果比较强烈，也会有文物价值，也可予收藏，如前年浙江省搞了一次"名片艺术大奖赛"，发行了一种纪念名片，且数量不多，收到者适宜予收藏，因为参与大奖赛本身就有特殊意义，别人虽可仿制私印，但参与这一特殊情况却无法代替。

为了收藏好有意义的好名片，自古以来就有专用的名片盒，或称拜匣的。用以盛放名谒、名刺或名片（飞片）。现代人因交流频繁，且为了方便，往往采用体积较小的名片，所以不用拜匣，而使用名片盒、名片册、名片簿的较多，这也是名片的外存文化之一。

袁枚的名纸

名纸，亦称名帖、名笺，现代叫做名片，就是写上自己的姓名，递给要交会的人的一个自我介绍。清代时之叫作名纸，是因为纸的硬度不高之故。向对方递上名纸，是一种礼貌性质的交会。袁枚开始使用名纸，是在流落京师之日起。

乾隆元年，袁枚二十一岁。因在故乡杭州参加乡试和博学鸿词的预选未能通过，更因为"圈子"问题，在杭州找不职位，不得不借了盘缠到广西谋生。未料到以一篇《铜鼓赋》打动了广西巡抚，被直荐到京城参加"京考直试"。但命运不济，加上不熟悉科举文章，直考未中，流落京城，成了清代版的"京飘"。为了生活，只好带着写上姓名的名纸以及《高帝论》和《郭巨埋儿论》两篇文章，到处求职。

第一位接待投递名纸的是唐绥祖，据《湖北巡抚唐公神道碑》载："枚弱冠试鸿词下第，落魄长安。天大风，雨雪，衣缝单衣，谒公于顺治门里第，公与语，奇之。次日，属今学士朱公佩莲来，欲妻以女，枚以聘定辞，而公怜之益甚。"

从这段引文可知，袁枚向唐绥祖求职时递上名纸及两篇文章，唐很欣赏袁的才华，想将自己的次女嫁给他，但袁枚不是陈世美，实话告诉媒人：自己在家乡已经定亲。第一次求职虽未成功，但婉拒婚配，可看出袁枚的认真。之后又有几处递上名纸求职，终于在京城安下身，等待来年参加举人考试，直至成功。

进入中年后，袁枚名气逐渐升高，犯有一种慢性肠道炎之类的病，每逢秋季常要发作。一般医生诊治的效果不明显，苏州有位名叫徐灵胎的医生。很有名，每天有排着队看不完的病人。袁枚慕名往苏州求医。因为知道徐医生亦好诗，就没有像许多人那样去排队等候。他亦没有托人向徐灵胎医生打招呼，而是直接找上徐灵胎的家门，递上名纸，表示求医之意。他猜度，自己的名气已经不小，但不知道徐医生会不会接待？

果然，徐灵胎接到袁枚的名纸，放弃休息，开门迎客，在非工作时间给袁枚诊病；并且从此交上了朋友。之后，袁枚有病，徐灵胎有上门为袁枚看病的，也有袁到苏州就医的，但大多在徐灵胎业余时间。这有两个因素促成：一是袁枚名气大，受人敬仰。二是徐灵胎也爱写诗，对大诗人袁枚，自然是分外敬重。

六十七岁那年，袁枚在"全集"基本编成后，在等待出版时，外出游历名山大川。一路经历基本上都是乡村。在十八世纪时，极大多数农村都是茅草房。如果是瓦片房，则肯定是大户人家。或者是客栈。客栈比较杂，不如大户人家干净。袁枚和伴游的弟子刘霞裳来到缙县境界时，天色已不早，就准备食宿，看到有一

名片和店名

81

家是瓦片房，让弟子刘霞棠递上名纸，求见主人，一番寒暄后，知道主人姓虞，说明来意，要求借宿。但主人表示不方便。袁枚心想也许主人是个土豪吧，无奈之下只好到客栈投宿。

正当他们在张挂蚊帐、铺设席子准备就寝时，忽然听到客栈门前人声沸腾。不一息，进来几个男子，领头的是刚才拒绝袁枚投宿的主人。来人急匆匆地问："阁下可是袁太史？"因为袁枚中过进士、进过翰林院，通称太史。袁枚点头称是。

这一来可热闹了。来人自报姓名，叫虞秀才，同时承认刚才失礼，并且一定要请袁太史住到他家去，还让带来的仆人动手拆蚊帐、卷席子，以及和客店打招呼。

这桩前倨后恭的事，关键在名纸上。之前的虞秀才虽接过名纸，看到袁枚的姓名，但一时没有联想到是袁太史袁枚来借宿。当袁、刘走了后，对着名纸上袁枚的名字琢磨，会不会就是做过太史的袁枚？如果是岂不失去了一个结交的机会。越想越觉得可能是。就这样一路寻来。当面核实后，就坚持要请袁住到他家去。至于抢了客栈的生意，那是小事，宿费照付就是了。

袁枚一路游来，到了天台山。高明寺，寺僧见到袁枚的名纸，认为大名人、袁太史来到，决定以高规格迎接。寺僧在山门外列队欢迎，并且撞钟以示郑重，也即以大官之礼接待袁枚。

从以上几件小事可知，袁枚的名纸作用很大。

取店名要有立店精神

店名是什么？

我以为：店名不仅仅是二三个字的组合，更应是店的旗帜、店的宗旨、信念、倾向等外视标识和内在精神的总和。它融汇着立业者或戒欺立信，或爱国劝业，或崇德反假，或求质保量，或讲美尚秀，或方便客户等等企业宗旨性的内核。如昔日杭州的胡庆余堂和叶种德堂国药店，均表明戒欺、不卖假药；女子国货公司，以提倡女权和专售国货为己任；奎元馆面店立旨烧出面中的"大哥大"，受到梅兰芳等名人的盛赞。好的店名除了有高尚的立店精神支撑外，店名形式也总是受人喜爱，如杭州的解放路百货商店的前身叫"劝业场"（20世纪20年代），宗旨是劝杭州人搞实业、爱国家，拒洋货，振奋民族精神，救国救民，形式是敞开大门，凡国产的商品，不论大小，不讲高低，均可进场交易且价格特优，由于它的店名显示了立店之旨，一开始就受到杭州人的欢迎及政府的扶持；店名迅速在杭州市内传播，初期即有了知名度，这个明白晓畅的好店名（劝业场）与立店精神息息相关。又如开在旗下的女子国货商店，一开始就打出立店的宗旨是提倡国货。

好店名不仅明白晓畅，也有比较含蓄、雅中藏真的。如"楼外楼"这个店名，取自林升诗："山外青山楼外楼，西湖歌舞几时休"，原诗就有不忘忧国的主旨，而截取"楼外楼"三字作店名，除了仍有爱国爱乡的意蕴外，就菜馆来说，更有菜品精益求精，好上加好的内在精神。实现名菜加名店的发展轨迹，为杭州及西湖增色。

　　然而，当今有些立业者取店名有曲解，有的不知立店应先立旨，随便取上一个店名；有的为了猎奇，取店名出格出怪；更有的为了炫耀自我，乃至将帝王、后妃、霸头、糍粑狼等引作店名。它们或犯了哗众取宠，或违了过分洋化，或惹上了封建糟粕，或走上了奇而无边的取店名禁忌。如武汉市新近被改名的"帝都""海盗""七匹狼"等店名，不但令人作呕，而且产生负面效应，是一种不良的社会文化现象。

　　如何取个好店名？虽文无定法，但轨迹可寻。或者不妨求教高明、翻翻字典。也可看看《杭州店名话旧》,《企业取名的'式'和'忌'》《改店名宜留原效应》等文章，以资参考。

原载《绍兴日报》

改店名应尽量保留原效应

读《经济生活报》载文《大富豪酒家即将改名》的报道后，我除了对于改店名有些不同看法外，就想到最简单的"一字易"更名方案。自己以为这个更名方案平易晓畅，寓意深远，思想健康，而且符合当今的潮流，它的最大的好处是：很少损及原来的店名效应。于是，我拨通了该店的电话，不料对方竟说不知有改店名之事。

店名，是商业文化的一个组成部分。传统的店名或宣扬办店者的宗旨，或寄寓业主的愿望，或纪念某一事件；它又要求琅琅上口，富有个性，易于记忆，便于传播等等；至于格调是否高雅，是否字出有典等等，则又是另一层次层面上的事。如杭州的名店"楼外楼"菜馆，既别致典雅，又富有文化韵味。

不过，窃以为店名应随着时代的不断发展，而不断出新，除适时拓展内容外，借鉴"舶来"是较为常见的一种。如旧杭州的冠生园（茶食店），蝶来（大饭店），阿丽娜（时装店）、享达利（钟表店）等店名。但出新要注意思想健康，忌皇霸傲气，媚洋奴骨，炫怪斗奇。换句话说，哗众取宠，奇而无边，过分洋化，这就不可取了。

仅仅隔了一天，"大富豪"更名为"龙门"的消息在报纸上刊登出来了。凑巧，这时候杨永华君来访。为了比较一下我设想的"一字易"方案，我问杨君"大富豪"更名为"龙门"大酒店的看法。他说了三点：一是无不可，二是从现代味变成了传统格，三是可惜割断了历史，成了另外起一个店名了。

杨君的话似乎有些惋惜之意。于是，我向他说了我的"只改一个字的方案"：易"豪"为"家"，再将"富"和"家"两字换个位置。他想了好一息后，比较赞同我的"一字易"方案，如果从"大富豪大酒店"改为"大家富"大酒店，虽仅一字之改，但意境不同，最大的好处是：没有割断原来的店名效应；而"龙门"虽好，但毕竟需要重新认识起来。

我对"大富豪大酒店"的"一字易"方案，讲的是改名的文化，而不是仅仅为"大富豪"的改名，我想许多读者是能理解的。

在清除"精神污染"时期要求改店名，那是特殊时期的特定要求，有政治倾向，不能作为常态要求。那么平常时期是否有改店名、企业名的要求呢？应该说亦有，那只能按立业宗旨等方面去考虑了。

原载《公关信使报》

取业名的难和易

　　据说，不少人在办企业时，常为取个好店名煞费苦心，我也曾亲眼目睹几位取了洋名、皇名、豪名的老板，在清除社会不良文化现象的整治中，困惑重重，且再次挠起了头皮，后来不得不用"顺风""新朋"等一般性的店名相凑。

　　取个好店名难吗？这话较复杂，但难处有一些。

　　一难不相知。取人名怕重复，取店名亦然。一般说，开店的人大多不是企业登记科出身，不太知道哪些好店名已有主儿，那些好店名尚虚位以待；企业成员中又没有"绍兴师爷"；要想查查有关的典籍，手头既没有，又不知买或借哪一本书为好。由于取店名的信息资料的匮乏，取店名时成了"孤军"，冥思苦想可见一斑。

　　二难"太迟"了。好店名多不多？去街上看一转就能找到答案。有个朋友曾盛赞"娃哈哈"这个业名。后来自己想开一家玩具店，想以此作店名。但一想到可能冒出官司，只好感叹"太迟"了。

三难"不懂法"。这里有两层意思：一是如何用点、面、线的方法，展开想象的翅膀，筛选出比较好的店名、厂名或公司名，如何留意典籍，探索出好店名或厂名。又一是不懂得店名的雷同和"类似"，哪一些是可取的，哪一些是不允许的。如已经有"江南书画社"，再取一个"江南书店"已不可，但若是开一家煤炭店，以此作名号，则是可以的。当然这是笑话，现在煤炭店已很少见。

四难"心不专"。方今办企业的业者，有文化、有头脑的大有人在。但他们下了"海"，专心于财源滚滚，难以静下心来收集资料和展开想象，有时思考已有一定收获，但经杂事一冲，思路中断，而时断时续的思考，是不太会给你好运气的。

五难不肯"化"。企业名号的有无是"硬件"，是量的问题，而名号的好或一般，是软件，是质的问题，它无边无际，无绝对尺度。登个报纸征求店名，较为满意的店名肯定会得到，但花费不小，对于小企业来说，只好做"小儿科"；更不用说平时买一些公关、传播方面的书籍看看了；再则，又不知道哪里有取名的咨询部，于是只好随便拉个店名凑数了。

了解这些取店名的难处后，取店名是不是易了？或曰既易又不易。

易，避开雷同即可。如上述的"江南"，开旅行社肯定重复，用作豆腐店的名号，似乎不会有麻烦，这种类似的店名，好处是现成，可以"借光"，不足之处是无独创性，属"小儿科"，大企业是不走这条路的；但千万别去找名牌的类似，那会惹事生非。

不易，难在独创性，即新颖性，办大企业的人，喜欢用大气派、富创意、易传诵、行得远、时效好的企业名号，于是常采取登报之法，集思广益，重奖名者，或找取名咨询部，或请较有识见的文化人取店名。笔者曾碰上这样一件事，某君因为欲新开一家以女装为特色的店，找我帮忙取个店名，并说明要有独特性，避免雷同。我说："我非专任，但可一试。你是要古典一点呢，还是洋气一点？"他答："请各取一个吧。"我经思考并查阅有关资料，拟了两个店名供他参考。一为"丽胴"，二为"如花"或"春风"。并解释说："胴为人的身体，很少有人使用，不太会与人相同。丽胴就是用服装美化身体。"又说："'如花'及'春风'均取自《清宫装》诗"窄袖修裾别样娇，珠钗一串压双翘。承恩自有如花貌，不向春风斗舞腰"的后两句，也有些别致。供参考。"

原载《华联商报》

绰号识趣

　　绰号是姓名文化中的一支奇葩，具有内容和形式的多样性，认知和形象的逼真性，相互及传播的群众性等特征。大多数绰号产生于青少年时期；且大多流行于普通百姓和底层人民之间，由于每个人生活在不同的环境中，因此，有的人可能拥有多个绰号。取绰号一般取其某一生理心理、外观表象、谐音联想等；但也有某一绰号并不是被取者的主要特征，这是和漫画画主要特征略有区别之处。

　　以外表特征的绰号，如根据个子高矮胖瘦、面容和善严峻等给取长条儿、柏油桶、笑眯眯、门板饭等。早年我在绍兴读高中。有一年暑期，拟托高三的一个同学往上海带点东西。由于只知其姓名、没有见过面，而偏偏此时她已走向车站。幸好知道她的一个绰号——酱油麻子。于是我赶往车站找人时，目标集中在二十来岁学生模样的女性，并且特别注意脸色黝黑，脸上有雀斑或有麻点的人。好在绍兴不是大车站，乘车的人不多，在人群一眼就瞅准了一个对象。上去一问，果然对上姓名。这个绰号起了不小的作用。

以能量或性格特征起的绰号，是绰号中的第二大类。如根据此人头脑活络、计算精确、爱好喝酒等，给取的小灵通、精巴鬼等绰号。由于绰号都是取其特征，有时很能帮助思考。有一年我在一个工厂参加劳动。恰逢他们召开年度先进生产（工作）者表扬大会。由于会上要搞点联欢，该厂的工会主席求我帮助，我就给设计了一个即兴猜谜的联欢（余兴）活动。由主持人在台上报谜面，要求大家抢着猜；猜对者奖给一包"颗儿糖"。有一个谜共由四句组成：萧山走一走，火中第三流。木在艮山门，喜欢吃三酉。并说明猜一个会上表扬的人名（繁体字），即公布的先进生产工作者。由于谜语比较浅显，我（主持人）先报出前三句，问有没有人猜？在一时没有抢答的情况下，接着报出第四句"喜欢吃三酉"。不料，此句一出，立刻有许多人举手抢猜，台下一片"赵炳根"的声音。原来这赵炳根喜欢喝酒，有个"高粱瓶儿"的绰号。一说到喜欢吃三酉后，人们立刻联想到他。这个绰号猜出了谜，活跃了祥和的气氛。

有一类绰号以谐音法为取向特征。此法大都在生活中边叫边想，读出了另一种意思。如有个同仁姐姐叫章慧平，弟弟取名章又平，这本来是个普通且算不错的名字；不料读着读着，别人给取了个"酱油瓶"的绰号。又如有个人的姓名是胡康年，在别人叫着叫着叫出了一个"污坑里"的绰号。

还有一类绰号是以性格特征来取的。如有个人办公室里不太坐得往，别人送他一个绰号："猢狲屁股"，也有的叫他"枇杷核儿"。又如《水浒传》中的秦明，由于性格急躁，他就有了个"霹雳火"的绰号。

　　绰号是一部极微不足道的"百科全书"，要说的实在太多，那可不是一篇短文章的事儿了。

原载《公关信使报》

这是一碟瓜子

四、扇子文化

棋手·扇子·潇洒

　　电视镜头时不时对准一些高档次围棋比赛现场，稍微注意一下，不少棋手出场时总是手执一柄折扇，或摇或拍，或展或收，或执或拄（用扇子拄桌子），在变化多端的把玩中，展示一种潇洒的风度。

　　扇子本是一种日常用品，而折扇由于扇体既可舒展又可折叠，于是成了人们闲暇时的把玩之物；又由于扇面空间可以泼墨书艺，它又是文人逸士寄情寓意、题诗作画的方便之处。当张恨水先生在一柄折扇上题上"少帅盛情嘱出山，书生抱愧心难安。堂前燕子呢喃语，赖逐春风度玉关。"这几句诗句，并请来访的副官带回这柄扇子、交还赵四小姐时。这柄扇子，就不仅仅是一件实用品，更是一件再次向张学良将军表示谢却入幕作秘书的致谦信，更是一件有艺术价值的艺术品了。

　　以围棋界"三条龙"挥洒扇子的气韵来说，"大龙"聂卫平的出手比较凝重，他用扇子造出来的动势不多，但颇为深沉有力。如他在折叠扇子后，常两手拄扇，支于桌面时，总是处于一种紧密的思考之中，显示的是一种力度。"小龙"常昊挥洒扇子的动作，简约且洗练，就像画家作速写，寥寥无几笔，形象突现，给人以容易亲近的感觉。唯有"中龙"马晓春，挥洒扇子时，轻灵飘逸，变化多端，就像他的棋风，让人捉摸不透。你看，他紧握扇柄，细慢地敲几下后，又急切切地摇几下扇子时，是在细数点数？之后拍的一声，干脆利落地投子于盘，当是一手妙棋，或突围突得"神龙见首不见尾"，或合围围得"金蛇缠猎物"；在复盘或座谈时，他会轻快地摇几下扇子，显示的是一种悠闲或友谊。的确，扇子增加了棋手的气韵、风度和潇洒。

为什么棋手喜欢用扇子并显示风度呢？是不是有下列几点说法：

一、折扇变形多，有利于想像。

扇子折起来是一根"棒"，稍许展开是一只角，全部打开呈半月形。从图形学看，园、线、角、弧、面、点，都可以变化出来。棋手们在紧张的角逐中，不经意地收敛或舒展扇子，或无意识地敲打一下扇子，有时能和盘面的棋产生联想。据说，旧时浙江有个"双枪将"董文渊，象棋、围棋都属一流，一次在陪老板张澹如弈围棋时，由于不够经意，局面一度被困。正苦苦思索摆脱之策时，忽然从东家张澹如半展折扇的一个动作，联想到"突"的策略，于是，一手"尖"，使自己摆脱了困境。

二、扇子的动静变化有利心情的调适。

棋手上场，讲的是脑电波的角逐。"四海翻腾云水怒"，都只在脑子间进行。而两只手常常是空落的。有一把扇子可以填补一下空白，改变一下没手势的窘境。当盘面上紧张万分时，摇几摇扇子，似可减少点紧张或不出汗，这对于棋手来说，似是一种"解脱"。

三、有实用价值，能代替醒木、"教鞭"。

早先广东有个名棋手叫卢辉，为"四大天王"之一。他晚年在工人文化宫给人讲棋时，喜欢执一把扇子（折扇），作为"指挥棒"，在大棋盘上点点笃笃，讲到关键处，往大棋盘上一点儿，然后重重地将扇子往讲台上一放，说：你们看，下一步该如何弈！这时的扇子是一块醒木、一条"教鞭"，更是休息一下的一次铃声；这和相声先生手里拿着一把扇子的作用是一样的。

四、显示名棋手的风度。

棋手弈棋，既计算对手的步数，亦算计自己多少步能"成杀"，目标是抢得先机；严谨、精确是其特点，属于逻辑思维范畴。用折扇的挥洒、姿态调节一下气氛，是另一种精神休息的形式，何乐而不为呢？

五、装饰性功能。

一个美女出场。是否佩戴耳环，具有映衬作用。美的会添加美丽，不够美的也不至于"鲜花羞上老人头"。棋手出场亦同理。带上一把折扇，象征着是一位有修养、有文明的棋手，相比较于空手上场，从外观上看，显得潇洒些。为什么不带一把自己心仪的扇子呢？

棋扇结合，看来不无道理。

原载《公关信使报》

闲说题扇诗

在折扇或团扇上题诗词、留书艺、落画笔，并盖上自己的鲜红的印章，均反映出历代文化人或雅或俗，或愤或喜，或平或曲的种种心态。以及友谊的传播和友情的结晶。从这些题咏中，可看出中国扇文化丰富的一页。

北宋文学家苏轼，从政生涯十分坎坷，一时间贵近天子，众人"迎捧"，一时间入囚受审，形同罪犯，一时间被流放穷乡或边壤；不少旧人对之趋避。他对此虽十分豁达，但不免有所感触。为此，他在折扇上题过一首诗："团扇经秋似败荷，丹青仿佛旧松萝。一时用舍非吾事，举世炎凉乃尔何。"他针对有些人在他宦场失意后，"狭路相逢"时，以扇子遮面，匆匆而过，装作不看见的一种感慨。明代书画家唐寅，多才多艺，但颇有点儿儿傲物心理。他曾作过一首《秋风纨扇图》的画。其题扇诗为："秋来纨扇合收藏，何事佳人重感伤。请把世情详细看，大都谁不逐炎凉！"表达了他对社会上人情的势利，亲疏的变态等等的愤慨心情。

有些题扇诗以表达恬淡心情为主旨，而折射出平和生活的心态。清代的陈书写过一首《咏团扇》的诗，句曰："团扇复团扇，皎兮若明月。明月有盈亏，赤日岂长烈。鹑火倏西流，金风减炎热。弃置莫怨嗟，暂作经年别。"他从扇子的用或存的平常事态，想及人世间的人情变幻，只是一种自然法则，不必太感伤。

晚清时，折扇以河北丰润扇和杭州黑纸扇最为著名。皇宫里采用的大多为这两种扇子，而同时，宫里已经同时有了少数几把电风扇。但宫女们是享受不到的。有个宫女作《宫扇》一诗，以抒其心怀，句曰："丰润杭州便面娇，内宫舒展嫩凉招，殿头电气虽清暑，适手终输五叶雕。"以手摇扇子有方便、轻巧、可随手携带等优点，来抒发不能享受电风扇的平常心情。

题扇画扇除写诗文外，也有在扇面上画一草一木、一鱼一虫等单纯性"装饰"，或在扇面写唐诗宋词、古文等以表现文化的。如当代老艺人金岗，在一把仅九寸长的折扇扇面上，写满《大学》《中庸》《论语》《孟子》等四部古书，共五万七千四百字。必须用放大镜才能看出，这种功夫。除了超凡的艺术功力外，还必须对扇面艺术有深挚的爱意才能作出。这柄扇子曾带赴美国展出，受到普遍的好评。又如大家熟知的绍兴题扇桥。传说系晋朝大书法家王羲之为了帮助一位老妇人渡过难关，在她出卖的扇子上画了一些草木，要她以扇子去换钱，扇子当然是很快卖出去了。为此，此桥被称为题扇桥。

原载《浙江日报》

扇子文化

99

名扇·特扇·优扇

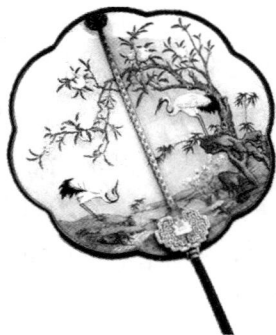

扇子，不仅有实用性，而且还有装饰、象征、传播、营导等文化属性。按性质分，又可分解为既有联系又有区别的名扇、特扇、优扇三大类。

名扇的特点大致有三：一为稀有或独一无二，且是难以再生的好扇，如《蕉窗话扇》中所说的、藏于故宫博物馆的元朝时期的折扇，全国稀有，难以再生。是古扇、好扇、珍扇，也是名扇。二为经过名人或经过名著宣传的好扇。如《随园杂志》中记载的"百骨扇"。本身条件好，精工细作，巨大无双，传已百年（当年）。后再经诗人袁枚在"杂志"中一宣传，变成了货真价实的名扇。三为有文化内涵的好扇。使人们舍不得使用它，于是成了名扇。如前文提到的"赵四小姐因仰慕张恨水先生的才艺和书品，由张学良出面，派出副官，请张先生在扇面上题诗，与此同时，张学良又有再次请张恨水先生出来当秘书的想法。但因为张恨水爱好写作，婉拒了这份"高薪"。在扇面题了一首"七绝"，表示委婉地谢却。由于这把扇子有这样一个故事，以及赵四小姐对这柄扇子特别钟爱，于是，它就成了名扇。

特扇。特扇的特征是：比较异常，是具有违反常情常理的好扇。如从清朝初年起，杭州的扇子技师，经过反复探讨和实验，研究出一种十分牢固、但带一点儿柿油气味，而且以黑色作为底色的黑纸扇。柿油气味显得有些俗相，但有牢固的优点，可以遮风挡雨，很是实用。全黑作为底色，要想题诗作画，就不能用墨了，必须用泥金，这样就具有既俗又雅，具有一种异常的美丽。因此，从清朝初年起，就被记入《杭州府志》，成了一种特色扇子。

还有一种檀香扇。以仕女为专供对象。质料不轻，价格不低，但扇起来有阵阵香风，以苏州出产的比较有名，也是一种特色扇。再如湖州出产的羽毛扇，用太湖鸟的羽毛制成，扇起

来特别轻巧，很有特色。经过戏剧中诸葛亮手执羽毛的宣传和书本的种种描绘，也成了一种特色扇。

优扇就是好扇。最大的特点是：生产原料，就地取材，使用起来，实用方便，包括轻巧、便利、风大、价格低等等优点。普遍地适用于平头百姓。如产于南方的芭蕉扇，每把重量仅半两左右。但扇体十分坚挺，使用起来既实惠且经济。山东的麦秆扇，既就地取材，又可在上面编织各种图案，深受农民的欢迎。在扇风中同样能享受到凉意。再如四川的竹扇，用薄竹片编织而成，扇形多姿多态，式样绮丽多彩，也是"农家乐"的好扇、优扇。

以上是按扇子的属性分类在盛夏天聊聊此话题，不知读者诸君认为妥否？

原载《公关信使报》

扇子半是公关物

朋友围坐，不忘海侃，时当盛夏，话头忽转向俞君手执之扇。认为办公室有电扇、空调，要它何用？俞君辩称：此乃公关之物。细察确然也不尽然。于是作"扇子半是公关物"自娱。

从折扇的起源来说，扇子是公关物。折扇从哪个国家传入？有的说起源宋朝，从朝鲜传入中国；有的说盛于明朝，系从日本国传入。前者引了苏东坡的一句话，"高丽白松扇，合之止两指许。"显然，这指的是折扇无疑。也就是说，折扇在宋朝时就从朝鲜传进中国了。后者认为，折扇系从日本传入，理由是：东坡的胞弟苏辙有一首诗可资证明："扇从日本来，风非日本风。但执日本扇，风来自无穷。"它是说，扇子从日本传入的。那么，折扇以何种性质传入？

《宋史·日本传》载：日本高僧周然，访问中国时受到礼遇，他回国后遣弟子来中国答谢宋廷，礼单中有：桧扇二十枚，蝙蝠扇二枚。桧扇系用桧木制成，是不是折扇难作肯定，但其中的蝙蝠扇，则肯定是折扇无疑。这则记载的时间背景是公元988年，比苏东坡所说的白松扇还要早。也就是说，折扇的源头是日本。高丽折扇大概也是从日本传入。宋人郭若虚，《图画见闻志》载："彼（高丽）使人每至中国，或用折叠扇为私觌物，其扇用鸦青纸为之……极可爱，谓之倭扇。本出于倭国也。"这就说明周然贻折扇、朝鲜使者赠折叠扇，都是以扇子作为公关礼品。

次从商家来说，也多用扇子作公关。商家要推销产品或塑造形象，总离不开广告；但单纯性质的广告，不容易打动人，还可能引起反感，聪明的商家就渗用人情因素，设计出各式各样带广告的商品；夏天，你要扇子用，就在扇面印上广告，白送给你，既作了广告，又搞了公关。有些扇子店，为了拉拢书画名家，主动送赠优质扇子，分文不收，为的是联络感情；反过来书画家亦然，有免费为扇店老板作书画的，投资的也是人情。2001年西湖博览会中国武术交流大会期间，部分工作人员有外联任务，总不能背着电扇或空调外出吧。某药厂知道后，就送来大批扇子，上面印有该厂生产的许多药品广告，作为厂家来说，是作广告和送人情，作为我们来说，是接受人情和讲究实用，各取所需。用公关这一纽带联结起来。

再从民俗民风来看，扇子和人情的关系也极为密切。江南地区，夏季湿热，扇子是生活必需品之一。民间向来有互赠扇子的习俗；端午嫁女，必有扇子陪嫁。由于是礼品，就要求有较高的质量，清代晚期，杭州有一家著名扇子店舒莲记，专门制作高档折扇，既为官府向上送礼之用，也向民间需要者出售。当然，这种扇大都为折扇，除精工细作外。在扇面上大都有名家诗画；这样的公关物自然受欢迎。

原载《公关信使报》

扇子别有妙用

扇子用来扇风取凉，这无须多说，但扇子另有许多用处，多说几句，是否有助于夏日增添点凉意。

在扇面上题诗作画，是扇子别用之一。王安石诗："玉斧修成宝月园，月边仍有女乘鸾。青冥风露非人世，鬓乱钗横特地寒。"题的虽是团扇，但可以看出，宋朝时在扇子上题诗作画已相当流行。《桃源手听》载："东坡为钱塘守时，民有诉扇肆负债二万者，逮至则曰：'天久雨且寒，有扇莫售，非不肯偿也。'公令以扇二十来，就判字笔随意作行草及枯木竹石以付之。才出门，人以千钱取一扇，所持立尽。遂悉偿所负。"这则记载，是苏东坡在杭州任通判时的趣闻轶事。

驱蚊扑蝶是扇子的第二大别用。夏日，苍蝇、蚊子特别惹人厌恶，扇子就是有用的武器之一。杜牧《秋夕》诗："银烛秋光冷画屏，轻罗小扇扑流萤。天街夜色凉如水，卧看牵牛织女星。"生动地描绘了一个天真活泼的小宫女，拿着一把丝制的扇子，在扑打石阶前飞萤的情状。而陆放翁的"老翁也学痴儿女，扑得流萤露湿衣。"则是致仕后闲来无事，偶发雅兴，做做少年时"游戏"。

男女传情或婚嫁，也许是扇子别用的第三种方式吧。晚明时，李香君以扇子代替书信，托师傅周如松千方百计找到侯朝宗；后来侯朝宗又携桃花扇去南京媚香楼看望李香君，两次都以扇子作为传递情意的媒介物。

旧时，在婚娶之时，如在端午节前后，都要以一把好扇子作为陪嫁，以表示对嫁女的关心，故有"端午送把好扇子"之语，也是尊重风俗的表现。

遮风挡雨大概会是扇子别用的第四种吧。夏日多毒日、多阵雨，出门没带雨具是常事。这时候用扇子抵挡一下，可以稍稍解决一下问题。正因为有此需要，杭州的王星记扇庄，就将这种需要溶化入制扇工艺中。他们做的黑纸扇，工艺特别，"用柿油煮之"，在水中浸泡三天之后再做成扇子，就有了"一把扇子顶半把伞"的说法。

生活中我们常看到评话艺人用扇子作道具，为绘声绘色展开故事作辅助，也见过京剧大师梅兰芳在演出《贵妃醉酒》时，用扇子作辅助的功夫，渲染杨玉环的心情，气氛十分调和。至于电视剧《三国演义》中唐国强饰的诸葛亮，更是手不离扇，这里的扇子，既作道具，又营造气氛，作用不小，可谓扇子的第五别用。

扇子还可临时用来划水，《晋书·艺术传》载："吴猛还豫章，江波甚急，猛不假舟楫，以白羽扇划水而渡。"这里扇子成了保平安的工具了。

原载《公关信使报》

扇子文化

105

苏东坡与杭扇

——盛夏话杭扇之一

　　杭州折扇发源于宋代，苏东坡任杭州通判之职时，高丽（今朝鲜）和我国尚未建立正式通商关系，但常有人通过杭州、明州（今宁波）、泉州等地来我国通商。郭若虚《图画见闻志》记载：有人送给苏东坡一柄高丽白松扇，"展之广尺余，合之止两指许"，轻巧雅致，方便异常，还可以在扇面上题诗作画。苏东坡很是喜爱。"雨叶风枝晓自匀，绿荫青子静无尘。"这就是他题于折扇扇面上的诗句。于是，他就请手艺好的工匠，如式仿制折扇；从此产生了中国第一代折扇。这是有记载的关于中国折扇之初始。

　　苏东坡不但最早仿制折扇，还使杭州折扇名噪一时。《桃源手听》载："东坡为钱塘守时，民有诉扇肆负债二万者，逮至则曰：

'天久雨且寒，有扇莫售，非不肯偿也。'公令以扇二十来，就判字笔随意作行草及枯木竹石以付之。才出门，人以千钱取一扇，所持立尽。遂悉偿所负。"这则故事发生在苏东坡第一次来杭任通判之职时。

一般引用者都认为所画的是折扇。但据宋何薳《春渚纪闻》卷六记载，这二十柄系白团扇，不是白纸折扇。不过，从另一角度看，民间已开始仿制、生产并销售折扇，则是可以说的。经过苏东坡"画扇判案"的渲染，杭州折扇名声逐渐大了起来。

从现有资料看，杭州可能是全国最早开有专门制作折扇店铺的城市。据南宋人吴自牧著《梦粱录》载，当时的杭州，除了有好几家扇子店外，还有一家"周家摺揲扇铺"，摺揲扇即折扇。没有资料显示，中国还有更早的折扇专业铺。这不得不感谢苏东坡的题款、判案和仿制了。

原载《杭州日报》

细扇和巨扇

——盛夏话杭扇之二

南宋皇朝在杭州建立行都后，随同而来的有大批皇室贵戚、富商大贾，以及许多能工巧匠；这些皇室贵戚过着"山外青山楼外楼，西湖歌舞几时休"的生活，又因杭州夏天相当闷热。俗有"夏天热煞人，冬天冷骨头"之谚。折扇成了他们寄寓闲情逸致的把玩之物。据载，宋高宗赵构有一柄特制的折扇，上面有个"玉孩儿"扇坠，高宗十分喜爱。一次外出游玩，失手落入水中。高宗心悔之余，发出"千金空买玉孩儿"之叹。据传，这把玉孩儿扇，只有二寸半长，比现用最小的全檀扇还要小一半，可谓细扇之尤。

一般的折扇，扇骨在十二根至二十四根之间，多的也不过三十二根；长度一般为一尺左右。然而，在杭州折扇的历史上，竟有一把一百根扇骨的巨扇！

明末清初，在今司马渡巷有一家著名的扇庄，叫芳风馆，生产的扇子品种多、做工精、用料优，质量好，名气大。据《随园杂志》载："杭州芳风馆，世代以制扇为业，遂致'素封'，主人出一扇曰"百骨扇"，传已数世矣，数之果有百骨，其色古润苍劲，高悬堂前，用作标志性商品。这柄扇子用了多少工，费了多少料，史籍均无载。据说，"今不能造，造亦不佳矣！"可以说是古代的巨扇、好扇。

原载《杭州日报》

雅俗共赏

——盛夏话杭扇之三

　　可展可折，轻巧方便，加之可在扇面上题诗作画，所以在夏天，折扇很受人们欢迎，尤其是文化人。他们既要拂风消暑，又要显示风雅，折扇成了他们不可或缺之物。不过，由于诗画大都用墨着色，所以极大多数扇子是白或浅色的，特别是扇面。

　　大约在明末清初，杭州制扇艺人突发奇想，反其道而行之，创造出了黑纸扇这一形态，并且在实践中将它发展成一种雅俗共赏、文人逸士和平民百姓都能接受的扇文化。《杭州府志》载："油扇亦折扇之一种，以柿油制之，俗称黑纸扇，或曰杭扇，以杭人专为之也。佳者翦金箔为翎毛花卉，正草行书，贴于两面，亦有以泥金彩笔人物者，其法始于清初。"

　　黑纸花扇是黑纸扇中的高档艺术品，这是因为黑色深沉、稳重，必须以金银箔才能作书画，富丽典雅，别具一格。著名京剧表演艺术家梅兰芳，生前演出《贵妃醉酒》等剧目时，就爱用这种扇作舞姿。

另一种黑纸扇为广大平民百姓所爱用。取经久耐用这一特性。扇面用棉纸为本，以柿油涂之。经过多道工艺处理，这样的扇子不透水，不怕晒，一把黑纸扇能用上十多年。黑纸扇扇面较宽，一般展开时，成一百八十度，除了扇风取凉这一主要用途外，尚可档雨遮阳，故民间有"一把扇子顶半把伞"的说法。

由于黑纸扇有色泽典雅、牢固度强、雅俗共赏等特点，为此，尽管杭州产的檀香扇、细画绢扇等，在历代都有相当高的声誉，但最具特色、特有名气的还得推黑纸扇！历年的全国评比，杭产的黑纸扇总是名列前茅，而被称为杭产一绝。

原载《杭州日报》

折扇寻根谭

　　从折扇的起源来说，折扇是我国的"土产"还是国外传入之物？它起源于何时？有的说，它起源于宋朝，从朝鲜传入中国；有的说，它起自明代，系从日本国传入中国。前者引了苏东坡的一句话作为依据："高丽白松扇，合之只二指许。"显然，这指的是折扇无疑，在宋朝时由朝鲜国传入了我们中国。后者认为：折扇系从日本国传入中国，理由是东坡的胞弟苏辙（子由）作的一首诗可资证明。"扇从日本来，风非日本风。但执日本扇，风来自无穷。"所描述的是也是折扇。

　　那么，这折扇倒底是何时、又以何种方式传入中国？据《宋史·日本国》条载："日本高僧奝然，访问中国时，受到礼遇，他回国后遣弟子来中国答谢宋皇朝朝廷，礼单中有：桧扇二十枚，蝙蝠扇二枚。桧扇系用桧木制成，是不是折扇难以肯定，但蝙蝠扇是折扇当无疑问。这则记载的时代背景是公元 988 年，比苏东坡所说的白松扇还要早好多年。也即折扇的源头是日本；高丽折扇大致也是从日本传入后，再传到我国来的。宋人郭若虚《图画见闻志》载，"彼（指高丽）使人每至中国，或用摺叠扇为私觌物，其扇用鸦青纸为之，上画本国豪贵，杂以妇人鞍马，或临水为金沙滩，暨莲荷花木水禽之类，点缀精巧，又以银泥为云气月色之状，极可爱，谓之倭扇，本出于倭国也。"这就说明三点，一、朝鲜的折扇出于日本。二、折扇在宋朝时就有了。三、最初传入中国时，是作为礼品的方式。

上面说的是折扇的始见。那么折扇的批量生产始于何时呢？比较通行的说法是：大批量生产在明代。有一本书说："据载，明朝初年朝鲜进贡折扇，明成祖朱棣喜其'卷抒之便'，命工部如式为之。遂遍天下。"这一说法有两层意思：其一是：此前尚无折扇，其二是：之后就有了大批量的生产。但事实恐非如此。姑举三例。

一是杭州有个尽人皆知的故事：《画扇判案》。说的是苏轼（东坡）任杭州通判时，有个洪阿毛的制扇人，向李小乙借了钱制作折扇；扇子做好后，恰逢连绵阴雨天，一时卖不出去，洪无力偿还借款。李小乙就向官府告状，要求依据约定，偿还本息；苏东坡在审理中得悉实情，提笔在空白的折扇上随意画竹木枯石，并题自己的名字。要欠债者卖出后，偿清欠款。这则轶事见于《桃源手听》。人名也许是后人加的，而事情绝非空穴来风。

二是南宋人吴自牧著《梦粱录》，其中"铺席"一章中载，当时临安（杭州）有二家大的扇子店，其一名"周家摺叠扇铺"，专门制作并出售折叠扇。有折扇铺，还不能说明当时已大批量生产折扇吗？

三是杭州自南宋时起，有一条狭长的扇子巷，巷内集中了各种样的制扇子人和售扇子的店。这条扇子巷，分上扇子巷和下扇子巷。据说，原名闻扇子巷，因为宋高宗曾让闻喜做过一柄微扇——玉孩儿扇，也是一把折扇。

上述三点，至少可说明我国在南宋时，已经批量生产折扇。在折扇的大家族中，有两种折扇比较显示特色：一为黑纸扇，又一为檀香扇。它们又是何时开始的呢？

黑纸扇一族，方今以杭州王星记所产最为著名，在历届展评会上均获殊荣。《杭州府志》载有："油扇亦折扇之一种，以柿油制之，俗称黑纸扇，或曰'杭扇'，以杭人专为之也，其法始于清初。"其实，这样的说法不太确切。折扇在明朝时大量流行于各地后，于正统年间，曾派人专门赴日本学习扇技，当时杭州、四川、苏州等地，都以盛产折扇著名；苏州的泥金扇，名传遐迩，即为黑纸扇一族。再说，天下之大，扇庄之多，谁家不在做几把黑折扇！不过话要说回来，制一柄黑纸扇，在工序上用柿油涂抹并蒸煮，使之具有抗水、不变形，却是杭州扇业的独创；是它成为率先和著名的最根本原因之一。

至近现代，黑纸扇的发展谈比较曲折。

清末民初初时，杭州的扇业，已从芳风馆（扇庄）为魁首而逐渐转向舒莲记扇庄为杭城第一。这时候，有个著名的制扇匠人王星斋杀出来了。他偕同妻子陈英，从打工转向做老板，开设扇庄，以三星为记，故名王星记。王是个有雄心壮志的人，这要么不干，要干就要争个第一。所以他一开始就盯着舒莲记，要和之竞争。只是舒莲记财大气粗，为了保持地位，以财捐官（道员），

■ 王星记折扇

扇子文化

113

结交上层，包揽了高档扇的业务，王星斋虽有一身好技艺，但"技不斗财"，经营困难，只好暂时远度他乡，在上海、北京等地开扇庄，以等待时机。

到了1927年北伐胜利后，全国的混乱之势已止，工商业开始复苏。王星斋的第二代传人王子清，带着父亲的遗愿，返杭再度创业，目标仍然是杭州的扇业老大，在舒莲记正对面开出王星记扇庄。这时的王子清，闯过三山六码头，已是见多识广，明白了创新就是财富的道理，他不仅承袭且发展了黑纸扇，而且采用新式广告的方法，以扩大影响，从而最后战胜舒莲记扇庄。

折扇的另一分支檀香扇，现下以苏州产的为著名。关于檀香扇的创始，尚无确切的定论，而有一种说法颇有参考价值。一说是王星斋之子王子清始创檀香扇；而王的始创，又有他们与舒莲记扇庄的竞争有关。

王星记与舒莲记的竞争是企业间的全面竞争。除了在特色扇——黑纸扇的竞争外。王子清还看准贵族女子爱漂亮、爱打扮的特点。还创新设计出檀香扇，以迎合贵族女子的需求；他对檀香的产地、价格、应用等均已熟记于心。不过，据说限于当时不能太多分心，他设计的檀香扇是到苏州加工的。

所以说，檀香扇的原始，说是杭州也好，说是苏州也似可以。至于后来王星记扇庄彻底胜出舒莲记，和1929年杭州西湖博览会的召开，及舒莲记遭受大火灾、损失巨大也有关。

以上为折扇的一点寻根之说。

原载上海《博古》

七轮扇是吊扇

　　不只一次在报刊上看到"汉代的轮扇是机械扇"的说法。我以为这是单从字面上看问题产生的错觉和误导，原因可能是撰者没有见到过七轮扇之类的。记得还有一次在电视上看到：一台摆着的、直筒样转动的扇（样子就像 20 世纪 90 年代某些厂家生产的直筒式电风扇），解释词说：这是轮扇。似乎也在宣称：这是汉代七轮扇的一种。

　　"七轮扇是机械扇"说，来源于《西京杂记》。原文是这样的："武帝时（西汉）长安有巧工丁缓，作七轮扇，夏月，一人运之，满堂寒颤。"记载没有说明是轮子上装了生风体，像现代电扇样的转动生风，或是靠轮子作传动，牵动真正的扇面生风，再达到"满堂寒颤"的效果。

　　不过，我以为是后者，理由有二：一是直接装在轮子上的风翼，若七个相连，迭加起来需要多大的力气！"一人运之"能支持多久？二是笔者幼年时见过一种七轮扇（也有五轮的），但轮子很小，而且是作为传动用的。那是一种古代的、旧式的、土制的吊扇！

　　笔者幼年在绍兴生活。绍兴人比较节俭，比较肯动脑子。那是 20 世纪五六十年代，社会上还比较贫穷，电风扇还是稀有之物。绍兴的一些中型理发店，店堂面积一般有 60—100 平米，每届夏时，店主就请工匠装上一种土制的吊扇。我常去的一家理发店有六把座椅，上头就悬六块矩形的大竹篾片（每块约一市尺乘 1 点五市尺），每把扇上头的悬绳有一小轮子，共六轮，加上一条拉动的绳子的轮子，共七轮。客来时，就由一个学徒向下拉绳子，使其左摆，然后突然松手，由于惯性的缘故，扇面就向右摆，如此往复，栩栩生风，虽谈不上"满堂寒颤"，但满室凉快却是极真实的。这种扇有五轮、四轮或三轮的，是根据需要而设。

笔者认为：七轮扇是人力拉动的扇，是吊扇，只是随着时代的前进，电力、电风扇的普及，逐渐退出了历史舞台。

至二十一世纪，空调机开始普及，夏天取凉，电风扇都已让位，这古代的七轮扇当然更没有人关心了。不过，古代人创造的文明，我们不应忘记它。

原载《公关信使报》

五、灯谜·武术·棋艺

佳节话灯谜

　　灯谜古时称隐语、文虎，也有呼为谜语的。它的得名和悬灯射谜有关。

　　灯谜一般可分为文人谜和通俗谜两种。前者大多以字谜、语谜、画谜、哑谜等形式出现，常以古诗词、画面、谜物或以卷帘、秋千、徐妃、求凤、白头、粉底等特设的十八个"谜格"制成；后者以物谜或较为浅显的语句，组成字谜，如谜面"两个姐妹一样长，走进走出总成双。甜酸苦辣它先知，只吃饭菜不喝汤。"打一物，谜底为筷子。

　　一般的灯谜，大多为一面一底，一人制，众人射。好的灯谜常能引人深思，出人意料。《谜拾序》载："庐陵曹著，以机辩称。客有以'一物坐也坐，卧也坐，行也坐'试之。曹即以'一物坐也卧，卧也卧，行也卧'对之。但客无以为应。曹又曰：'我谜吞得汝谜。'"原来，曹用的是以谜射谜之法（蛇吞蛙）。显示出曹的

灯谜·武术·棋艺

机辩之才。苏东坡任杭州通判时，和僧友佛印常以射谜相戏。一天，佛印出二百五十钱，要苏东坡射一书名。苏即以《千字文》相对。原来，每一古钱上有"宋元通宝"四个字，二百五十钱合起来正好一千字。这是有记载的、较早的哑谜。

随着科学技术的不断发展，灯谜的内容不断扩大，除了以前的字谜、物谜、哑谜、画谜、人名谜、书名谜、诗谜等外，又出现了数字谜、影名谜、地名谜、乃至标点谜等等，有的还比较出色。如谜面："加减乘除全，缺一小数点。"要求射一字，谜底为"坟"字，可谓构思精致。随着灯谜不断被平常百姓认识，灯谜爱好者不断涌现，各地文化宫大都设立了灯谜研究会等组织，以交流成果，有的还组织赛谜活动，以丰富人们的文化生活。

原载《钱江晚报》

难忘赛谜会

　　我曾在区、局"政工组"管过文教体方面的工作，办过夜大，抓过棋队、球队、文工队等七队八队的工作，虽都留下些记忆，但最使我难忘的，是一次有十八个队参加的赛谜会。

　　二十多年前，我在一个产业工会负责文、教、体方面的工作。除了完成上级布置的一些教育、竞赛或调演事务，举办系统内的夜大学外，日常工作很有些弹性。有一年，杭州市府在武林广场搞大型灯会。大概是为了配合宣传吧，《杭州日报》的项冰如先生约我写一篇谈灯谜的小文章。成文后我配上十只创作灯谜，并给他送了去。记得其中的一则字谜谜面："八"，打一两字食品名，

灯谜·武术·棋艺

有几个编辑见到谜底为"火腿"时，起初很有点儿惊讶。当我写出一个"火"字后，用手遮盖了上半部，赫然出现一个"八"字时，才使得几位编辑信服。

之后，同事们发觉我对灯谜有些研究，就怂恿我搞一次赛谜会。从内心来说，我留意过全国各地的谜事，长时间订阅过《中华谜报》和看过一些关于灯谜的书，对谜很有些兴趣，也想试一试身手。于是，我开始构思、准备，并终于主持了这次风格独特的赛谜会。

在我的认识里，一次赛事要搞得紧凑，除了构思特别需缜密注意前后照应外，赛程中各队的比分不能大起大落，换言之在赛程中，要让比分已落后的队，具有赶超的可能，这样才能在赛场始终保持竞争气氛。基于这样的认识，我就设计三段赛程法，而且将第一赛段的积分留于最后公布。

由于这样的"赛谜会"是第一次搞，我生怕临场乱套，所以特别重视赛前的组织工作。共开过赛前两次预备会和正式会议，而且通知厂方必须来两个人参加会议，一个是工会的负责人，他或（她）不懂行不要紧，但必须做好组织发动工作。另一人必须是懂行的，也即四人赛谜队的队长或行家里手；在赛谜现场参与和指挥比赛。经过第一轮会议后，共有杭州塑料厂、红雷皮鞋厂、机床附件厂、红光塑料厂等十八家厂组队参加比赛。

由于是群众文化活动，我还将最后阶段皆大欢喜的场面也融入设计思路。所以，我的设计是：

1.赛谜必须采取从低分到高分的进程。

2.赛谜设计成三段模式，第一时段为答谜卷，类似于灯谜知识笔试，一百道题，既需猜谜，也有谜语知识。仅占总得分的15%，时间为25分钟；第二时段为：揭谜条，在完成第一阶段的答卷后，才可进入预先布置的悬谜大厅，就有机会抢先射谜；猜对给分，猜错扣分，机会均等；此一时段比分为 25%，时间也是二十五分钟。第三时段为灯谜擂台比赛，由擂主现场出谜，同时报出此谜的得分数，每个队可举牌表示抢答的愿望。得分和扣分同前。不过由于是现场赛，对于不遵守纪律可扣分。

3.现场赛谜是重头戏和高潮，可以说是气氛相当热烈、紧张且秩序井然。我至今记忆犹新。记得进入灯谜擂台赛时，我出的第一个为字谜较为浅显："人藏草木中"，打一字。谜底为："茶"字，当然抢答众多。又如我出的另一个字谜："江心直下一鱼钩"，打一字，我原拟的谜底为"汋"（并且告诉了核对人），结果有人举牌竞猜，其中有个叫邵廉生的，报出的谜底为"污"，这是我没有想到的，核对员周倩起初宣布答错、扣分，但是，我旋即一想，这谜底也不错，改正宣布为得分。并且将自己的谜底也告诉了大家，使得此次从失分到加分，人人心服口服。

应该说，这次赛谜会是成功的，有二个千人规模的大厂都回去仿效。但也有几点比较遗憾：

1. 没有去邀请电视台；因为这次赛谜会，搞得很紧凑，气氛又热烈，可以说大多数称好。

2. 赛后不久，市总工会的陈国兴副主席得悉情况后，邀请我去为二轻系统如式办一次赛谜会，当时我因其他事务缠身，说以后再说，没有立即应承下来，到不是我架子大，而是准备需要花时间，但后来我没时间了；总觉得有点儿对不起他的信任。

3. 在这场赛谜会前，为了公平，我自己动手创作了一些谜语，用于现场射谜，其中有几则自己比较满意，但没将它们记录下来，感到有点儿可惜。

灯谜·武术·棋艺

灯谜的多种用途

灯谜，是一种益智的文化活动，它除了固有的文化、技术等属性外，还可用作广告、娱乐等活动，在作为文娱活动中，还有活跃气氛，增进友谊等多种用途。笔者对此深有体会。

1.用作娱乐性集会。

1970 年前，笔者在一家工厂锻炼。那时，条条战线都要评比先进，月月评，季季评，年年评，评出以后有奖品和奖状，还要开颁奖大会。一天，厂工会主席姚君找我商量，大会后能否搞点余兴节目？我觉得：老是唱越剧，来段相声之类的，有因袭之不足，提议是否搞个"灯谜大家猜"活动；并自荐担任主持。还告诉他大致设想，即：一，我在台上报出谜面，要大家当场商射；二，射中者得颗粒糖一包，不中者向台下全体职工鞠一个躬；三，灯谜宜深浅结合，以浅为主，由浅入深；四，要以本次先进生产（工作）者的姓名制作一些灯谜，表示联系实际。在得到姚君的肯定后，我要他给我一份先进生产（工作）者的名单并准备二十斤颗儿糖分小包备用。

记得我出的第一个是人名谜。本应读出下面四句："萧山走一走，火中第三流。木在艮山门，喜欢吃三酉。"并说明是繁体字。为了增加兴趣，我先读出前三句。说：猜本次评上的一个先进工作者的姓名，问"是谁？"连问三声，尚无人抢答后，我就读出第四句"喜欢吃三酉"，台下立即举起许多竞猜的手；而且纷纷报出谜底："赵炳根"。原来，赵炳根是分管销售的副厂长，喜欢吃老酒，人称"高粱瓶儿"，是这次厂的先进工作者之一。在报出这一特征后，很容易引起联想，"赵炳根"三字马上成了目标。由于分不清谁最先猜出，我就以"天女散花"式，将一大包糖向台下撒去；来个皆大欢喜。这是灯谜的多用性之一。

　　2.用悬灯射谜的方法作广告宣传。

　　用猜谜作商品宣传，自古以来不乏先例。在《钱塘遗闻轶事》中，有这样的记载：清河坊某药店，常以中药品之名作灯谜，挂于店门口，求人商射，射中有奖。

　　有一年的香市前，药店挂出一条谜面——五月十五，射一味中药名。吸引了很多人注足，效果不错；由于比较浅显，这很快有人猜出："半夏"。邻近的南货店如式仿制，请人制了一条好谜，悬挂于店门口，谜面为一个"八"字，要求打一个二字食品的名称，凡射中者本店将奖给五两银子。很多日子过去，这个字谜竟然无人猜得。

　　有一次，来了一位秀才模样的人。他先是问火腿每斤的价格，又要一只三十来斤的火腿，算了下刚好五两银子。要店伙包扎后，提了火腿就走。店伙立马追出店铺，要秀才付五两银子。秀才说："你们东家不是说，猜中者奖五两银子吗。火腿就是谜底，不信你去问问东家。"

英国武生访谈录

　　武友季建成（杭州大学体育系武术教研室主任、副教授。之后调任中国计量大学，教授、武术八段）告诉我：近期他接收了一个英国学生，是专程来中国向他学习中国武术的。

　　建成是当代中国中青年武术家，曾经于 1990 年应邀赴前苏联莫斯科国立体育学院讲学和传授中国武术，时间半年。后又应英国武术太极协会的邀请，赴英国伦敦、伯明翰、纽卡斯尔等到地讲授中国功夫一年半。在全英"中国内家拳表演大会"上，季氏表演的形意、八卦、陈式太极拳，使观众如醉如痴，引起了轰动。英国《格斗》杂志、《内家拳》杂志、美国《孙氏八卦掌》（全球唯一的反映内家拳八卦掌武术的杂志，在美国出版）杂志等纷纷作了大量的报道，并将季氏的表演用作刊物的封面。一些出版商还抢着要买下季建成表演的录像。季建成在前苏联期间，被国立体育学院授予"传统格斗和重竞技教研室"副教授;在英国期间,被英国"太极拳协会"授予最高武术教练(chief lastructor of the taichi and wushu asscciaton of gteatbtitain)的称号,为中华武术在海外赢得了声誉。

由于国内武术教学的任务,季建成婉拒了英国武术界的挽留和赴德国执教的邀请,毅然于 1993 年 6 月归国。这就给一些要求深入学习中国武术的外国朋友造成了"遗憾"。季氏回国后,不少外国朋友表示要来华继续学习,琼·旦尼斯(John Dennis 以下简称琼)就是其中的一个。为了反映季建成在英国传授中国武术、扬威海外的成果,我访问了 John Dennis 先生,现将记录整理如下:

时间:1994 年 3 月 1 日。

地点:杭州大学武术房、留学生宿舍。

徐:琼先生,您好。我叫徐清祥。想打扰您一下,据季建成告诉我,您是专程来中国续学功夫的,又据我知,季老师在英国时已教过你们一年半时间,为什么您还要漂洋过海,不远万里,专程来中国续学呢?

琼:在伦敦时,我和许多朋友(有白人、黑人、华人,也有德国人)跟季老师学了一年多时间,每周一次,每次一课时,刚刚认识到中国内家拳功夫的深奥,正想继续学下去,可是,季老师要回国了,我们留不住他,为了继续学习中国的内家功夫,只好利用休假,不远万里,来到中国。

徐:您在学习中国功夫前,学过其他格斗吗?(琼点点头)请您谈谈为什么要放弃其他(拳击、空手道、柔道等)而学中国功夫?它们之间有什么不同?

琼:我学武已四年多了。在英国教中国拳术的并不少,但大多是"套式",我曾经学过几下,觉得近于舞蹈,不实用,就不学了。后来我学拳击、学日本的空手道和柔道等，约两年时间。季老师来英国后，起初我并不认识他，后来，在"全英内家拳表演大会"上，看了他表演的形意拳、太极拳中的第二路——炮锤后，我对中国武术的看法改变了；再后来，跟季老师学习武术，并听他讲的"武术和中国传统文化""武术和气功""武术和医药""武术和阴阳五行"的关联后，进一步认识到中国功夫的深奥；季老师教的是中国武术的真功夫，不但讲求外练其形、内练其气，要让气和意念融合起来，又和武德结合起来，这才是真武术，所以我又放弃学拳击、空手道、柔道等西洋和东洋的东西，而改学中国武术。季老师讲的"学中国武术要了解阴阳、八卦、五行、经络学等学说"，要明白刚柔相济的"生死观"、天人合一的整体观、尊师重道的修养观等等中国的传统文化。

我的体会是：拳击、空手道偏重于力量，练习时显得单调、死板，缺乏灵活和洒脱。如空手道练习时讲求实打及实力是对的，但出手后要停住，不能打到人的体位，这太呆板了。季老师教的内家拳，刚柔相济，既讲究以刚压柔，更讲求以柔克刚，寓攻于防及寓防于攻的含义特别丰富。在练习中，既有灵活和轻柔，又有爆发和重力，我认为比空手道、拳击等丰富多了。这是中国内家拳的真功夫。

徐：您跟季老师学的是什么拳种、功法？

琼：季老师教过我八卦、形意、太极、气功等功夫。八卦要求力量大，柔软性高，我不太适应。所以我专攻"形意"。我喜欢"形意"的刚柔相济，动作难度不大，又很灵活，这很适合于我。气功方面，季老师教我"铁肚功"和"意拳"这些功法很好，通过练，初步做到内力达于臂、腿等处，延伸到哲学、中医保健等方面，是一生受用不尽的功法。

徐：为了进一步学习中国功夫，您又延长三个月的签证，照一般人的说法，花费很大，您觉得值得吗？

琼：季老师在英国时，我已学了一年多，那时每周一次，每次一至二小时，还包括练习，进步虽大，但我并不满足。这次专程来中国学武术，时间虽仅一个多月，每天季老师教我二小时，我自己练六小时，进步特别大，近期已经感到意念的力、气的力，能达到臂、肘、掌、拳、腿等部位，下盘也稳固多了；丹田之气，蓄或发都有了随意感。这些都是季老师认真、严格、无私的教学分不开的。

我已申请延长三个月的签证，本来还想多半年，但所带的钱有限，只好用完后再说。此次来中国，我觉得很值得。

徐：您来中国这段时间，恰逢中国过新年，您跟季老师回乡，所见所闻，对中国的民间的生活和风俗习惯等，有何感想？

琼：季老师是一个很好的老师，为了有更多的时间教我中国功夫，过年回乡时（季建成的家乡在浙江的龙泉），把我带了去，吃、住均在他的家中，每天不间断的教我武艺，使我进步很快；更使我感到中国人的好客、热情、诚挚。在和龙泉的许多老百姓接触中，除了接受他们的盛情外，亲眼看到中国人民已经富裕起来了，照老乡的说法，依靠改革开放。以前——我在英国时，听朋友们说或看报上介绍的，中国人比较贫穷，这次亲眼目睹，才知道以前接受的信息不真实。嘀，中国的过年真热闹、真祥和、喜气洋洋，处处举杯庆贺，我的肚子吃得鼓鼓的（双手捂肚做了个样子）。

在跟季老师回乡中，他还带我参观了很有名的龙泉宝剑厂、工艺美术厂、青瓷博物馆、邮票展览会、商标展览会等，使我增加了对中国文化的了解，我受到了热情的接待和关心，感到很幸福。

再说一个情况：从今天起，我开始学刀法，是我掌握中国武术器械的第一步，这都是季老师热情教学的结果，照进程，我还不能学习刀法呢！季老师真好。

徐：在我们中国，称武术界为"武林"，中国有一本发行量很大的《武林》杂志，我手头有一本，送给您这位远方朋友，作为纪念，并请您看看，算是《武林》的特别读者。另外，我想把这访问整理一下，给《武林》杂志寄去，如果发表出来，您同意吗？

琼："OK，那太好了，我感谢您，感谢季老师，感谢许多中国朋友。中国很好，我非常喜欢她。"

原载《武林》

六十九岁与四十九岁比武

近日网上盛传六十九岁的太极"高手"马某某挑战四十九岁业余拳手王庆民，在短短十秒钟内，马某被连续击倒三次，且第三次是被抬出比赛场地去救治的。于是，大家纷纷说：太极功夫"太好"了。讽刺马某某吹嘘、传统武术不经打、花架子等等。

四十九岁和六十九岁能不能比武？笔者的看法是：如果功力大体相当者，不能打；如果打，肯定是"呆大"。且以九十二年前中央国术馆的武当门和少林门两位门长挑战比武谈事。

1928 年，北伐战争虽已取得胜利，但清王朝留下的烂摊子亟待修复，列强欺凌我国的局面让民众愤慨，为了振兴民族气节，当时的政府将中国传统武术改称为国术，且成立了中央国术馆，下设武当门和少林门两个门派。所说武当门，或称内家拳（械），包括太极、形意、八卦等拳（械），由声望最高的孙禄堂任门长。少林门或称外家拳，包括一切非内家拳的拳和械。由"大力千斤王"王子平出任门长。门长的工资是每月三百大洋，一个天大的数目。门长下面有教习，教习下面有辅教和学员（徒弟），大多比门长年轻些。

也许是门长工资太高而引起外界的想法，又也许是极少数人想看看两个门派的真功夫，在当时，就出现一股让武当门和少林门比武，让大家开开眼界的呼声。

当年的情况是：武当门的呼声略好于少林门。原因是内家拳武当门长孙禄堂六十九岁，白发飘飘，资历略高于少林门长；但孙有自知之明，即使功夫略高于王子平，例如 55 分比 45 分，但年龄因素的差距何止 10 分，很可能是 20。正如袁枚诗所说"蛟龙生气尽，不如鼠横行"。少林门长王子平四十九岁，精神抖擞，力大无穷。尽管他们都有武德，既不想比武，更没有取胜出风头的想法，但对是否比武心里有点儿压力，且是客观存在。

导火线是：武当门的孙禄堂要出一本有关内家拳的书。书的内容不免有抬高内家拳的说辞。这就引起了少林门的一些徒子徒孙的不满，言谈时不免有希望两个门派来一次比试。王子平思忖良久，觉得要过舆论关，只有打一次，才能化解舆论的压力。比武当然由门长出手，王子平自忖，年龄上占有优势，可以一搏。遂正式向副馆长李景林提出两门派比武事。

李景林是原东北军的高级将领，人称"剑侠"。头脑很清晰，如果两派的门长比武，孙禄堂在年龄方面是吃亏的。为此征求孙禄堂的意见，如何应付挑战？孙禄堂知道王子平的实力，"千斤王"的誉称不是空穴来风，而是实有其事。孙并不是自己畏战，而是年龄差距明摆在那里——上了年龄后气与力相对会衰退一些。但这个战不得不应。怎么个应战法呢？办法是：在武当门中找个年龄上不吃亏，且有代表性的人应战。唯一人选是他的师侄高振东！

高振东何许人也？一个农民出身的武术家，江湖人士，自幼习武，非常刻苦，功夫了得，在武当门中声望极高。曾经在吴佩孚手下做过事，很得吴的赏识并推荐至上海教拳术。后来发生的一件事可证明其实力。

清朝时杭州建有一座旗下营。旗人尚武，设置有一把大刀，重八十三斤，作为镇营之宝。辛亥革命成功后，旗下营星散，大刀被抬到吴山国术教练场，但无人能舞动，人称江南第一腿的刘百川也不能。但高来杭州时却能挥舞，可见其神力。

那时高在上海教拳，五十岁（虚岁），还是盛年，比王子平仅大一岁。李、孙商量妥当后，李景林赶到上海，找到高振东，将事情原委一五一十告诉高。并让高立即辞掉上海的教职，迅速往南京，与此同时。孙禄堂"因事"请假，暂时离开南京，由中央国术馆委任高振东为武当门代理门长。

掌门换人，王子平无必胜把握。且主动挑战者若不胜，则何以在京城立足？王不再提起比武事。王的徒子徒孙也不再催促。但是武当门好不容易布下新局。却不能实现，高振东有点儿气不过，但亦不好公开叫嚷比武，因为若比武，鹿死谁手，很难确定。就这样双方僵持着。一天，高和王在大厅邂逅，两人有意识地迎面相撞。结果是：王多退了几步。经过这一次试探，双方心中都有了底。比武事不再提起。不过，事情还有延伸。次年，即1929年10月16日在杭州召开的全国性武术比赛大会——"浙江国术游艺大会"，全国的知名武术家均参加，但独独王子平未出席。

联想到马某某与王庆民的格斗比赛，明显感到马某有点儿自不量力或缺乏自知之明。被击倒三次不足为怪。这是因为人的内气是随着年龄增加而变化着的。从出生到二十五岁，是内气膨胀时期，二十六岁起至大约五十岁是相对平衡时期，五十五岁后，内气逐渐衰退、力量会减少，动作会迟缓，这是规律。马某某连这点常识都没有，遭打是必然之事。

最后笔者声明：关于王子平和高振东的轶事，是高振东的弟子苏端波生前亲口向笔者述说。这个说法与高清（高振东之长子）的说法有出入。与《中国武术史》所记载的完全不同。

灯谜·武术·棋艺

春节，家里来了洋客人

　　刚过了大年初一，妻去娘家接女儿回杭，极短的一两天内由我一个人当家，真是好不自在又好不寂寞，好在有书可翻有街可逛有电视可看有格子可爬，还不致显得空虚。凑巧这时建成打来"贺年电话"，我问："那个外国学生还在不？"听说还没走，我就说："请他一起来，在我这里聚聚。"

　　我和季建成初识于1985年，当时我被借调在浙江省体委搞中华传统武术挖掘整理工作；他是杭州大学体育系的年轻武术讲师。由于采用他的《黑虎拳》文稿，和他相识后又一起去过天台、黄岩、金华、定海、绍兴等地采录散处于民间的"江南短打"（天台南拳、船拳等）于是成了朋友。一晃十年间，建成升了副教授，当了体育系武术教研室主任。洋客人就是他带来的客人。

新年里有洋客人上门，在我家里是第一次。他叫琼·旦尼斯（Joh Dennis），22 岁的邮电工人，一米八十的精壮白人，高高鼻梁，碧蓝眼睛，模样挺拔，但显文气。刚照面，他就学中国人样子，双手抱拳，用极生硬的中国话说："徐先生，新年好，向您拜年。"还作了一个揖。而我只会向洋客人说"哈罗，琼，新年好。"另外只好用面上的微笑及手势的和善来表示。

早就听建成说过，为了学术交流，他在出访俄罗斯和英伦三岛时，除了在莫斯科体院、里丁大学等校讲课外，在英国的伯明翰、纽卡斯尔等城的一年半时间里，收过不少学生，有黑皮肤的非洲青年，更多的是白皮肤的英国及德国青年工人。他们都是在"全英内家拳表演大会"上，看了季建成的"太极炮锤二路"后，才对中国功夫着迷，纷纷要求向他学习的。琼·旦尼斯即其中的一个。因为琼是后来者，学了约半年，建成因"杭大"教学任务需要，提前返国。学习心切的琼为了深入学习中国功夫，不远万里，漂洋过海，来到中国，求师学武。

为了显示过大年的民俗风情，我特别泡了三杯"元宝茶"。这种以白糖、青果冲上沸水的"茶"，看上去乳白一片中，沉浮着一颗"绿珍珠"，很有美感；嗅起来有一股清香；呷一口亦甜亦"苦"，而清香直沁心肺。对于这种已数十年不流行的茶，连建成这样的中国人也觉得新鲜。经过解释后，洋客人才知道糖的寓意是甜蜜、发达；青果则象征新年、永久；是旧时过大年待客的一道风景。他经不住竖起大拇指，连声的"OK，OK"，并通过建成说"中国人的节日文化真丰富。"

洋客人上门，是捕获新鲜信息的大好机会，诸如他为什么不远万里而来？以及春节时，他随建成回老家——龙泉过年的印象。虽然建成曾对我介绍过：琼曾学过中国武术，后来改学西洋的和东洋的，之后再改学中国武术，并投到建成的门下。但是为什么改去又改来呢？虽然大体可猜到，但琼在中国三个月的印象，只有靠他自己来回答。

在酒桌上，我们边喝边谈，琼说："比之柔道和空手道，中国内家拳在形式上更灵活，动作上更洒脱。"又听他说了在龙泉农村的观感："季老师为了让我多一些学的时间，过年时带我回老家，吃住都在他家里，很少出去玩。已学了形意拳、意拳、铁肚功（气功），对于形意的硬打硬进、刚柔相济，领会颇深，已基本能将内力运于四肢。"他还多次要求在杭州打工，边工边学，多留些时日。是啊，琼能不远万里，漂洋过海，专程来中国学功夫，本身就说明他的苦心孤诣。由于季老师不间断教他练武，进步很快，更使他感觉到中国人的热情和诚挚。在和龙泉老百姓接触中，琼亲眼看到中国人已经富裕起来了，依老乡的说法，是靠改革开放。"以前我在英国时，听朋友说或从报上看，印象中中国人很穷。这次亲眼目睹，才知道以前接受的信息不真实，嗬，中国的过年真热闹，处处举杯庆贺，一派喜气洋洋，把我的肚子吃得鼓鼓的（双手捂肚做了个样子）。"琼兴奋地说。

酒一杯一杯喝下去，菜一口口夹入口中，两个武友确是海量，席刚过半，十多盘菜已被扫得所剩无几。

就这样我们度过了热闹的中餐时分。当送他们出屋时，我蓦地感到，如果没有改革开放，琼不可能如此自由地出入中国，我也不大敢接待洋客人，十多年前我不是拒绝过一个回国探亲的日本友人的约见吗？

原载《公关信使报》

136

棋规和盘外招

　　棋规，一般指弈的行为规则，如《围棋竞赛规则》包括：总则、竞赛、规定、裁判法、比赛办法、竞赛组织及其他等多个章节；在"竞赛规定"中，还规定了先后手、贴子、计时、终局、暂停、赛场纪律等方面，供棋手们大比赛时取舍，使裁判在裁定胜负时所有依据；是比赛时的一杆标语。

　　由于历史的原因，现行棋规多重于较普遍弈棋现象的规范，而对于比较隐性的、较小出现的比赛现象，却很少规范之它，换言之，有一些规定订得细致和具体，有一些规定虽然已经写上了，但比较概括、笼统，执行起来容易引起争议，这就使有些人利用这个空隙，引入了比赛，出现了有人得利、有人吃亏等情况。姑举些实例说明。

　　1962 年，全国围棋比赛在安徽合肥举行，浙江棋手董文渊在比赛之前，突然向对手大喝一声"我要杀掉你"；在比赛之中，一边吸烟，一边将烟雾猛地喷向对手的面颊，故意扰乱对方。韩国棋手曹薰铉在和日本的依田纪基比赛时，用日语哼起了"拉网小调"；在另一局中还用折扇打头、蹲于桌上等动作，使依田无法安心弈棋……

众所周知，实力大抵相当的棋手，他们的胜负常取决于临场的发挥，具体说，比赛时，除身体是否处于最佳状态时外，气是否沉静，心是否专注，脑子是否听使唤等有关。如果一个棋手在和人吵了一架或收到家中老母病重的电报，而气有所浮动，定会影响比赛成绩。如果这种不定的因素是棋手自己造成，那当然不能怨天尤人；但当这些不安定来自对手方时，这就应由棋规来制约它才比较合理。

为了用法定的形式强制阻止这种侵权行为，笔者认为应不断充实棋规，将具体制作不文明的行为写入棋规之中，针对已发生或将发生的不文明行为，针对性的制订具体措施，是否先从下述三方面考虑：

一、对赛场上发声的规范，可将"从进入比赛场时起，至退出赛场时止，应轻声说话，包括对裁判的要求，和对方的礼节性用语等，话声不得超过30分贝；每场不得超过三次，每次不超过三秒钟"等写入棋规。

二、应对光和雾作出限止。除提倡赛场不吸烟外，应规定禁止将烟喷向或"飘向对方及对方的区域，以防止棋品不好的人钻棋规的空子。具体可写上"棋手吸烟时应背向棋盘，特别是吐烟雾时，必须轻轻转过身并背向棋盘吐烟；禁止在眼镜片上使用反射性光线，让比赛正常进行。

三、行动的规范。应写出"禁止多次起立，作怪相等，凡起立（包括离座）发出重声者（超过三十分贝）裁判有权提出警告，警告不听者，可让其暂时离开赛场；举杯、放杯，举子、落子要轻声，有重放、重声者，裁判可提出警告，警告不听者，应暂离赛场，直至裁判同意后再回赛场"。

以上建议是笔者的粗浅认识，抛砖引玉，希望得到高明的指正和棋界领导的重视，使棋规内容不断完善。

原载《围棋报》

吴山大象棋表演赛忆旧

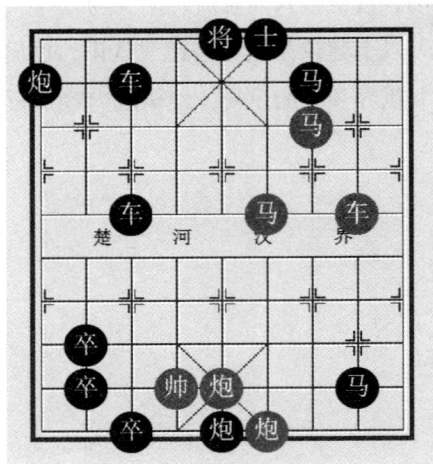

　　以俗文化漫溢著称的杭州吴山，过去有茶馆弈棋、路边棋摊、棋道人茶室等多个处所；以及有弈满盘和赌残局两种，还有讲彩金不赌彩金和搏公彩等多种形式。但从有记载这一点儿来说，当推三十年前那股"棋旋风"。原因可能是多方面的，但吴山一向以俗文化漫溢为支撑点，比较俗的象棋，拥有广大的棋客和棋迷，可能是重要原因之一。

　　1973 年上半年，时间已处于文化大革命后期，而极左的动荡已近尾声，人们纷纷寻求"文化复苏"，于是，茶室、棋馆陆续开出；弈棋亦悄悄在恢复。但主管棋事的各级体委还不敢动作。

　　其时，归杭州市园文局城区管理处管辖的吴山茶园（今月下老人祠）开张还不久。城区管理处的马行远先生想出了一个"棋茶结合"的金点子，既作宣传，又吸引棋客上山喝茶。他邀请了杭州的部分名棋手，开了个座谈会，取得棋手们的支持，推出了每周日下午挂大象棋作表演赛的项目，邀笔者主持其事。

吴山大象棋表演赛有三种形式。一是本地名棋手表演赛，赛台设于阁楼上，茶园的正上方挂大象棋盘，并有讲解员的讲解。二是邀请外地棋手上山对弈；一般亦有一台挂大象棋盘，供茶客鉴赏。三是名棋手室内对弈；这主要因为时间不凑巧，茶客少，挂大象棋已无意义。以第一种形式为主，由名棋手轮番登场，如曾两次获得太原、扬州象棋比赛冠军（后调回杭州）的张筱洪、多次参加全国象棋比赛且取得不俗成绩的朱泉官，以及当时号称"棋坛四小"的小皮匠孙振国、小豆腐俞金根、小木匠王土根、小跛足宋世勒等。有关棋事的一些工作，如挂棋、唱棋、记谱等均由笔者安排、由各棋手包揽，且完全是义务劳动。看客基本上都是象棋爱好者。而茶园收费为每位茶客一角二分茶资，若有高级别名手表演，适当增收茶资费用。

吴山棋园的棋事活动，曾接待过苏州市象棋队、广东省象棋队（员）、贵州省象棋队（往参加全国赛途经杭州）的来访。此年的国庆节，为了活跃一下棋坛，拟邀请曾两次获得全国季军、有"刘仙人"之誉的刘忆慈先生上山作表演赛。在选择对手时感到有些犯难，因为当时和刘忆慈约略齐名的沈志弈远在温州；去上海请胡荣华、何顺安或朱剑秋，费用不薄；考虑再三，拟让来杭州尚不太久的张筱洪作表演赛对手。将此意向告诉刘忆慈后，刘表示委婉的谢却，深层原因是张弈棋常"博彩"。后来改由棋艺评论家的徐清祥作对手，请"凤凰"孙德庆将此安排告诉刘后，才答应上山作表演赛。这是当时吴山棋史上最高一次表演赛。这主要指刘的参与；这天的茶资，由每人一角二分增至一角六分。

当时文化大革命后期。由于首先由吴山茶园点燃棋艺类活动的火炬，对于推动并恢复当时全省的棋艺活动，起了最大的作用。

仅仅一二个月，以杭州来说，杭州市工人棋队首先恢复，各地、市、县纷纷组队要求来杭州交流比赛。二是冲刷了弈棋博彩的劣习，在那段时间，较少听到弈棋博彩的反映。三是活跃了群众文体活动，对弈棋不再怕这怕那。

原载《联谊报》

六、季节文化

年味三说

　　年年过年，年年不同。但也有相同的：年景越来越异，年事越来越少，年味越来越淡。这怪不得生产技术的发展和西方文化的冲击，也有自身内在因素的变化——年岁渐长。

　　少时过年，年味酽酽。其一是心里酽。盼压岁钱的必然和"六天内的百无禁忌"。十来岁的孩子可以聚在一起掷平时不能掷的骰子，而不受到呵责；做错了事，说错了话，平日要吃"手底板"，在过年时可以不吃。而大人们心里也酽，烧香求佛去寺庙，供祖请神求保佑，或为求业顺利得生计，或为迎亲娶媳求贤惠，或为升迁发财大吉利，或为早生贵子跳龙门。心里充满企盼和期望；是整整一年期望的总汇。心里酽是内在的源泉。反映在待人接物上是宽容、和谐，一副"菩萨脸孔基督心"的样子。所以，年味之一是"年律"，"年律"的核心的宽容。

　　过年过年，忙于年事。此为年味之二。备年货是忙碌，烧年菜是储备，应年景有掸尘送灶，贴年画是渲染喜庆，说年话是求吉利，请年菩萨是祈求赐福，拜年贺岁是尊老，分压岁钱是爱幼，清年账（除夕夜之前）是表示年节概念明确，等等年事，红红火火，忙忙碌碌，热热闹闹，到三十夜坐下来"分岁"时，进入年事的第一个高潮。所以以往的年事，蓬勃、喜乐、和善、紧凑。哪像现下的年事，菜场里一转，塑料袋一装，万事齐备；在家里，我刚点上红烛请祖宗，那突突窜跳的火焰，袅袅而升的线香，正在渲染年事时，站在一旁的妻催促我先拜，然后她拜后女儿拜，为的是早点收拾供品，怕黑烟熏了房子。这年事会不简？年味儿会不淡？

年味儿还体现在逛年境、看年景上。江南水乡，吴越大地，平时就讲究温煦淳厚，热热闹闹，在过年时更然。对对春联，红红窗花，威威门神，过年时上了家家户户的门窗上，不但自己看，还让大家看。舂年糕不只在乡村，城里也舂。作坊里的水浸粳米，伙房中正蒸米成团，石臼边木捣声声，大团糕胚上了台板，条条年糕印出来，还有如意形、元宝形、猪鸡形等等，无不栩栩如生。有一年我家在"老大兴"定制二十斤年糕，我跟着在旁边等，年糕司务递来热气腾腾的一个糕团，红糖一包，喜笑颜开，这是年景一角。街上满地爆竹纸屑渲染过年气氛，声声恭喜发财加浓了年境气氛。城隍山上，吹糖人儿，买红果儿，晓者信测字，套"三根头"骗钱；寺庙里红烛高烧，线香阵阵，虔诚摇签筒，功德簿施钱，人挤人，人看人，并无明确目的，但求热热闹闹，喜笑盈盈，这就是年味的外存。

当年律的宽容，年事的繁忙，年景的缤纷，三者结合起来，就构成酽酽的年味。

原载《杭州工人报》

木屐趣话

　　木屐，俗名木拖鞋，"木的笃"，是旧时夏天穿着的一种便鞋。在我国，木屐约有二千多年历史。木屐起源于气候比较温暖且多雨的吴越地区，李白诗："吴风谢安屐，白足傲屐袜。"明确道出穿木屐是吴越人民的习俗。

　　说起木屐的故事，流传最广的当是"孔夫子失屐"。据《论语隐义》载，孔夫子周游列国，到蔡国后入住客舍，半夜时一只木屐被人偷走了。那偷儿又去偷邻家；却将那只偷来的木屐遗忘在邻居家。孔夫子是山东人，个子高大，他的木屐也大，长一尺四寸。这件事大约给孔夫子惹了些麻烦。孔夫子就是在这时候被围困的。"绝粮数日，吃不上饭"。史书记载"蔡人围孔子是怕楚国聘用他"；而未提及"木屐事件"。

　　晋代以前，木屐有方头和园头两种，据《晋书》载，男子多穿方头木屐，表示性格刚强，英勇不屈；女子多穿园头木屐，表示品性温柔，以顺从为主。然而到了太康年间，女子竟也穿起方头木屐，这就引起士大夫的惊讶。不久，晋武帝故世，即位的惠帝比较懦弱无能；而皇后贾南凤却精明干练。为此，大权旁落入皇后之手，于是社会上流传起"母鸡司晨"这样的话来，有的还渲染说，"女子穿方头木屐，就是一个证明。"

木屐虽是硬质便鞋，但在古代，却是穿着登山的好东西。不过那种木屐是"有齿"的。有点儿像运动员所穿的钉鞋。山水诗人谢灵运登山时，穿有"前齿"的木屐，落山时换穿带"后齿"的，人们将这种木屐叫做"谢公屐"。后来，因为登山磨损木齿太厉害，人们就改进为金属，称为"金齿屐"。

从木屐让人想起一处古迹。苏州灵岩山有一处遗址，叫"馆娃宫"，据载是吴王夫差为越女西施建造的一座行宫。

宫中有一处"鸣屐廊"，建廊时，先挖空廊下的岩石，安排一排陶瓷品，上面用富有弹性的樟木作地板。廊成后，西施试着在上面走，发出类似木琴的声音，故称"鸣屐廊"。这一说法在唐朝已经盛行，为这处遗迹增加了风采。

在杭州，曾有一条以制作木屐出名的小巷，叫木屐弄，在吴山脚下，据《武林坊巷志》第一册载，此弄东出粮道山巷，西对大螺丝山巷；其中"孤云屋木屐驰名吾里"。孤云屋左为听松轩，系苏东坡的好友佛印禅师所建。清李樟《里居杂诗》颂之为："治器孤云尚有名，晋装人欲买山行。听松堂外重听雨，消受墙东蜡屐声。"既说这里木屐声声动听，又说山水诗人谢灵运也会来买它去登山的。

原载《钱江晚报》

亭前垂柳珍重待春风

　　有点儿掌故知识的人，在看到"亭前垂柳珍重待春风"这九个字，大都知道这是古代民间进入冬至时的文化点缀之一；而它的源头是清朝的道光皇帝；选择这九个字，并作如此的排列，据说还费了许多心思哩。

　　冬至是节气，也是严寒来临的标志日，一般从这一天开始，严寒就来临了。这一天大多在每年的阳历十二月二十二日左右。也即阴历的冬至，大致喻严寒到来之意。

　　在古代，由于御寒手段十分原始，人们对严寒的到来，既感到无可奈何，又抱着艰苦忍受之态度，更盼望它早一点儿过去，于是，民间就创造出"冬九九""进九九""数九九"的说法。"冬九九"就是将严寒天分成九个时段，每段九天，共八十一天。"进九九"就是进入严寒天、在严寒中一天一天捱，要捱过八十一天，才算严寒过去，而"数九九"则是在严寒天中数日子，数一天，少一天，盼望春天早早到来：苦寒天早日结束。

据《养生斋从录》载：清代道光皇帝虽有密封较好的居室，穿有狐皮裘袍，还有火炉可烤，御寒条件可以说是很好的。但无法改变大自然的条件。所以，他也是盼望严寒天早早过去，他御制了一幅"九九消寒图"，由"亭前垂柳珍重待春风"九个字组成。为什么要用这九个字呢？一则，这九个字有等待春天到来之意，二则，这些字均由九个笔画组成。三则用这九个字数数严寒的日子；挂在墙上，着人每天用红笔描上一笔，一个字描完，一个"九"就过去了，九个字描完，严寒过去，大地春回。民间据此意思，将它设计成红色空心字，每天用黑笔描一笔，九个描完，春天就来了。从描九个字，后来又引申出描九朵梅花（每瓣九叶），画九个大小方格等文化。作为度严寒的一道风景。

"亭前垂柳珍重待春风"，不但字字九笔，而且有情有景，看字察句，由句生情，亭榭、柳枝、人迹，跃然纸上，一派自然风光涌上心头，既是过冬至度严寒的一种心理调适，又含有鉴赏风情画的雅趣。有人也许会说，这九个字怎么会字字九笔呢？就今天的简化汉字来说，其中的"风"对不上，可就古代的繁体字（風）而言，确是字字九笔。

今天，御寒手段有电暖气、热水汀等，居室也是密封加厚墙，进入室内，人们已不太怕严寒，不过讲讲过去，也许更能体会到改革开放的好处。

原载《公关信使报》

古今守岁略说

何谓守岁？苏轼在《岁晚三首》中说："岁晚相与馈问，为馈岁，酒食相邀，呼为别岁，至除夜，达旦不眠，为守岁，蜀之风俗如是。余官于岐下，岁暮思归而不可得，故为此三诗以寄子由。"苏东坡所说"蜀之风俗如是"，其实大江南北也是如此。陈善在《杭州府志》中说，古人在吃过年夜饭后，要"坐待灰曙"，就是江南民俗式的守岁。

古今以来，由于老少年龄的不同或文化差异等原因，不同的人群在守岁时，有不同的表现：古代文化人守岁，总是与诗文为伴，唐王湜守岁时作《除夜》诗："今岁今宵尽，明年明日催，寒随一夜去，春逐五更来。气色空中改，容颜暗里回。风光人不觉，已着后园梅。"抒写了在岁月变迁中的心头感慨。有苦吟诗人之称的贾岛，守岁别具一格。据《唐才子传》载，"每至除夕，必取一岁所作置几上，焚香再拜，酹酒祝曰："此吾终年苦心也。"

一般商家或民家守岁，据《说杭州》所记："其时城中，家家灯烛辉煌，香烟不断，即厨灶中烟火亦不绝。中人之家，往往至此时始往购新年所需之物。商店通宵不闭，街上行人，火把灯笼，照耀如同白日。登城隍山俯视之，可称得上万家烟火。"而在《武林风俗记》则说："小儿女终夕博戏不寐，谓之守岁。"为什么小儿以博戏守岁为多？大概是在这段时间不会受大人的呵责吧！

古代守岁的含义大致有三：一为惜阴。一年将要过去，剩下的时光更显得可贵，于是围炉夜坐，送它走完最后一程。宋祁《除夕》诗："一杯芳酒夜分天，万虑劳劳耿不眠。明日新春到何处，菱花影里二毛边。"惜阴心态十分显白。二为企盼。盼望新的一年流年顺利，财运亨通，一般商家民家大都有此心态。于是在守岁时刻，在门扉贴上倒"福"字，或在门扉上贴上："生意兴隆通四海，财源茂盛达三江"等吉祥对联。三为反映孝敬意愿，为父母祈求长寿、健康。俗谚曰："守冬（冬至）爹长命，守岁娘长命"，是说过小年——冬至和过大年的守岁，具有孝文化的内容，是家庭和谐、享受福祉的反映之一。

在今天，守岁之俗虽未变，但内容似已有变化。一为对时间认识之变。古时守岁大多以天明作准绳；今天的守岁者在区分新年和旧岁时，常以深夜子时为界点，其标志是，深夜十二时刚过，就"噼噼啪啪"放起炮仗；在寺院则于此刻撞起大钟。二为形式之变。极大多数人家的守岁，只是围着一只只电视机，观看中央电视台的"迎春晚会"，从过去的自我创造乐趣，到今天的"被动接受娱乐"。当然，以玩牌、玩骰子为乐者、赶寺庙烧香拜佛及撞钟者亦大有人在。

原载《杭州工人报》

说 爆 竹

　　爆竹亦名鞭炮、炮杖，是"天地响"、"百子炮仗"、花炮、掼炮、"二脚踢"等多种鞭炮类的总称。是以发出强声、爆出烟花，以提示别人或自我庆幸的一种小物件。

　　爆竹的起源有二说。一为九头害鸟说。传说古时有一种九头害鸟，每于岁尾为害人间，人们以点燃爆竹相互报警，以防九头鸟之害。有一次，一青年在点燃竹片报警时，不慎引燃附近的竹林，连续发出噼噼啪啪的声音，使九头鸟受了惊吓，逃得更加远了。于是有了最原始的爆竹。另一说是远古时有一种叫作"年"的害兽，实为山魈类怪物，常于新岁到来时为害人间。但它惧怕红色及巨声，当岁末新春"年"出现时，人们纷纷点起爆竹，驱其归山，于是产生了爆竹。

　　上古时的爆竹虽较原始，但至宋代时，由于火药的开始使用，

季节文化

人们就以红纸包裹少量火药，再配上引信，制成了新型的爆竹，使爆竹具有喜庆色彩和声响更大的双重进展。之后，又有人将两个大爆竹扎成一起并用火箭推进的原理，分段在地面和空中开爆，使爆竹逐步向多样化、多功能发展。也衍生出许多品种，但总的说以声响第一功能，以烟花美为第二功能，形式上的动态变化，为第三功能。

爆竹发展到现代，衍生了不少文化，就燃放时间说，岁末放爆竹总要守着时钟一点点挨向"12"才燃放爆竹，表示除旧迎新。农历新年早上开门，按旧俗吴越大地的许多人家要连放三个大爆竹，谓之"开门爆"。新开店家燃放爆竹，总要在剪彩或正式开门营业时才燃放爆竹，表示喜庆顺利之意。就功能来说，爆竹还是人们托物言志、寄情寓意的对象。新年的门联中有"爆竹一声除旧，桃符万户更新"，则是诗人寄寓新年新希望的表述。《红楼梦》作者曹雪芹曾作有一首"七绝"："能使妖魔胆尽摧，身如束帛气如雷。一声震得人方恐，回首相看已化灰。"则是一个让人猜的谜语，谜底为爆竹。

现代爆竹形式更加多样，有许多小爆竹连着燃放的"百子炮"，有掷地一声响的"掼炮"，有以窜升高空为主的"窜天老鼠"，有以万花筒形式喷放五彩缤纷火花的"花炮"，当然，形形式式的各种烟花，也是一种"爆竹"，它的喜庆寓意如旧，观赏功能增加，只不过声音很小，更符合今天环保的要求。

以上是昔日放爆竹的大致情况。近些年来，由于都市人口的密集，大家都在春节集中放爆竹，造成不小的污染，政府出台了城市禁放爆竹的法规，亦属不得已。

154

冬日说帽

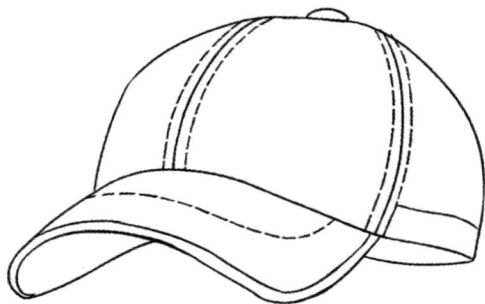

帽子古称元服，又称弁（音 bian）。从秦汉起，帽又有许多别称：巾帽、峭头、幞头及帝王所戴的冕等等。

帽子产生于巾和冠。古代男子头上均用葛布或丝绢等包住头发，称戴巾，由于包发较费时间，有人就将巾固定成帽式，汉代时就出现了帽子，称巾帽。帽子又产生于冠，古代王公大臣为了遮掩头上发髻，用各种料子制成窄窄的"冠梁"戴于头上，用作装饰，慢慢引发出帽子。

帽子的式样、名称，常常伴随一些历史故事。汉末张角所领导的农民起义军，因用黄色缣帛裹头作标志，故称黄巾军。此种巾即古代的巾帽。女子冬天出门，"以服复首"，以防风沙的一种面帽，因王昭君出塞而用之，故称之为"昭君套"或昭君帽。北宋大文学家苏东坡，因为爱戴檐高的帽，为此，这种有四块方巾组合成的帽子，称为东坡帽，很受旧时文人学士爱戴。明朝初年，朱元璋为了庆贺天下安定，将一种原名为"纯阳巾"的，改称为"四方平定巾"，将原名瓜皮帽的改呼"六合一统帽"。现代人常

季节文化

说的乌纱帽，据《唐·舆服志》载，是官员视事及宴会宾客的服饰之一。李白咏之为："领得乌纱帽，全胜白接篱，山人不照镜，稚子道相宜。"

清末民初时，帽子更加时兴。这是因为：当时男子大兴剪辫子之风，头顶保温显得更重要起来。故帽子的式样、用料等发展较快；以实用为主成为时尚，作为装饰降为次要了。如用绸、布制成的瓜皮帽、船形帽、压发帽、八角帽，用泥、绒、皮等制成的铜盆帽、罗宋帽、毛线帽；比较实用的棉帽，在生产力很不发达的古代，常被文化名人吟咏，北宋范成大有《戏咏絮帽》诗："尖斜缩撮似兜鍪，紧护风寒暖白头。不解兵前当箭凿，解令晓枕睡駒駒。"

随着时代的发展，帽子的用途已远远超过保暖和装饰的作用，为此，作用也各不相同。如用于作战的钢帽，用于建筑工地防护的藤帽，用于遮阳的草帽，象征荣誉感的博士帽，标志着从事卫生工作的护士帽，以及许多厨师戴的"高檐白帽"等等。

帽子还和礼节有关，现代人常以脱帽后鞠躬表示对师友、长者的礼貌；但在古代，脱帽却是无礼貌的表现。杜甫《饮中八仙歌》中有"张旭三杯草圣传，脱帽露顶王公前"之句。是说，喝了酒，忘乎所以，礼仪也不讲究了。

原载《杭州日报》

漫说赵公元帅

　　过年了，大多数人最关心的是：来年的财运是否比今年更好；财运寄托在那里呢？是财神菩萨。所以去街头巷尾或菜市场门前看一看，总能见到几个正在出售种种吉祥、福禄、神祇画像的人，其中就包括那种一顶官帽、一身锦袍、一支朝笏，并有"招财进宝"等字样的财神。其实这是所谓民间想象的财神菩萨，而不是文化意义的财神——赵公元帅。

　　财神，一般认为有四位，又有文武之分。文财神有比干和范蠡，武财神为赵公元帅和关羽。由于这类民间神只为了信奉，并无"标准"可言，而民间信奉的两位，也不分文武，即范蠡和赵公元帅，且以信奉赵公元帅的最多。

　　赵公元帅的正名叫赵公明，又称赵玄坛，据传是专司钱财的民间神。旧时，几乎家家都供奉他，尤其是商家。赵为什么又称赵玄坛？据《封神演义》载，赵原为峨眉山罗浮山的仙人，因为

季节文化

"助商抗周"而被杀害,为此,姜子牙封其为"金龙如意正一龙虎玄坛真君",故又呼赵玄坛,

有趣的是:赵公明最早不是什么财神,而是"冥神",乃至是瘟神。晋干宝《搜神记》载,散骑待郎王祜临终前,正与母辞决,忽听有人来访,自称上天所派三将军之一赵公明将军部下,抵人间征兵。王祜知是冥神相召,乞求说:"老母年高,兄弟无有,一旦死亡,前无供养。鬼官为他的孝心感动,抵赵公明处求情,并为王祜治愈了病。南朝名士陶弘景也称赵公明"司土下冢中事,是冥神。但到隋唐时,赵又以瘟神形象出现。据说,隋文帝开皇十一年六月,有王力士现于空中,身披五色袍,手执多器物。文帝问太史张居仁,此为何神?答曰:"五方力士,在天为五鬼,在地为五瘟神(春瘟张元伯,夏瘟刘元达,秋瘟赵公明,冬瘟钟士贵,总管中瘟史文业),此五瘟出现,天下将发生瘟疫。是年果然瘟疫流行,死了很多人。"到了明代,由于商品经济的发展,赵公明又演化为财神。据《三教源流搜神大全》说,赵为终南山人,秦时避乱山中,精修至道,功成后,玉帝降旨为神霄副帅。汉时玉帝派其守护玉炉,封"正一玄坛元帅",这是赵称元帅的正式"职衔"。

据说赵公的部下有四个正神:招宝天尊曹升,纳珍天尊曹宝,招财使者陈九公,利市仙官姚少司。宝、珍、财、利,四样俱全,所以,赵公明是深受民间的信仰和爱戴的神,每至春节,几乎家家户户皆供其像。不过,赵公元帅的"真容"却是头戴铁冠,手执铁鞭,身跨黑虎,面色黑而且多胡须的形象。

原载《公关信使报》

夏天说裙

　　裙子，是我国最早使用的服饰之一，古时亦称下裳、裙屐。最原始的裙子用树叶穿缀，或用兽皮撕裂而成。用以遮体御寒、装饰躯体。在古代，男女都穿裙子，《魏书·刑峦传》"萧渊藻是裙屐少年，未洽治务。"这里的屐是指木屐——鞋，而裙是指少年的下裳。直到唐朝起，裙子才成为女子的专用服饰。

　　在漫长的封建时代，女子穿裙有严格的等级之分。上层妇女节穿的裙子，除了选用绫罗绸缎等真丝优质原料，绣上各种花卉、纹案、人物，配上各种鲜彩艳色外，裙子的长度一般都要拖地二三尺，步行时则以手拽裙，李颀诗："拽裙今夜从何所"，写的就是提着裙子行进的情态。一般劳动妇女穿的裙子要短得多，一般裙长仅及膝，盖便于操持家务或劳动，又显示与贵妇人的身份区别。

千百年以来，裙子的长度经历了很大的变化。周文帝时，曾下令规定：裙子长不得超过拖地三寸，裙子用料不得超过五幅；元代时，因统治阶级尚武，而提倡穿短裙，一般裙长齐膝；明朝初年又行起了长裙风；清朝时。裙子式样趋向多样，当然也包括裙子的长度。清·陈素安《水墨裙》诗云："百叠波纹绉墨痕，疏花细叶淡生春。窈娘病后腰肢减，钿尺休量旧日身。"写的是裙子。

古代裙子的颜色，以红、紫两种最为流行。"红裙妒杀石榴花"的诗句，描写了当时普遍流行红裙的情态，反映出当时流行红裙之盛。不过，四大美女之一的杨玉环，却喜欢穿黄色长裙。古代裙子的用料，大多为绸缎或棉布，但也有极少数贵妇人追求奢华，掺用鸟类羽毛作裙料的。唐朝时有一种"百鸟裙"，用很多鸟的羽毛，捻成极细的线，和丝交织在一起，织成裙料后色彩、光泽非常艳丽。据唐《朝野佥载》载，由于百鸟裙的仿效和流行，一度使山林里的珍禽异兽荡然无存。这种制作和仿效，据说是安乐公主首开风气而逐渐流行。

至现当代，裙子绝大部分为女子所专用，且在夏季特别风行。这主要因为裙子比较凉快，适宜于在夏季空着，裙子式样相对来说婀娜多姿，更易体现女性的体态美。现代穿着的裙子质料用丝、麻、棉、绦及混合织物为主。裙的颜色以红、黄、绿、蓝、黑、白、花等多种。裙的式样有承袭古代式样而加以改进的，也有借鉴国外而赋予新内容的，还有在生活中汲取营养另行设计的，如百裥裙、直筒裙、旗袍裙、西装裙、三角裙等等，可谓花样百出。

原载《杭州日报》

天空又见衣裳鹞

　　周六，天晴，沿西湖走走，自少年宫到白堤，密密麻麻布满了放鹞人；抬头望，满天的鹞儿就像是放鹞人抛向天空的点点星星。蓦地，我发现了一个"新的旧现象"：近二百只放飞的鹞中竟有一百六、七十只是衣裳鹞。我禁不住轻轻呼了一声：

　　"好哇！杭州鹞又回来了。"

　　鹞，学名纸鸢、风筝，杭州方言呼为鹞儿或鹞子。鹞的起源大致可追溯到秦汉以前。相传，"春秋时公输般作木鸢以窥宋城。"后来以纸代木，所以鹞一名纸鸢。就民俗文化而言，杭州向有"正月灯，二月鹞，三月上坟市里看姣姣"；"正月掷骰子，二月放鹞子，三月清明吃团子"的说法。

　　喜欢放鹞的人大都知道：鹞的品种很多，如蝴蝶鹞、老鹰鹞、美人鹞、蜻蜓鹞、豆腐干鹞、蜈蚣鹞、衣裳鹞等等花式。但归结起来不外乎花式鹞和普通鹞两大类。前者名称繁多，式样各异，用工用料用钱较费，是鹞文化特色的集中体现，一般在比赛、炫富中展现。后者制作比较简易，价格经济实惠，数量相对众多，是普通百姓的玩赏鹞，也体现地域特征和民俗文化。

就杭州和绍兴两地的普通鹞比较，绍兴通行四角方方的豆腐干鹞，杭州流行斯文脉脉的衣裳鹞。这是因为：绍兴人比杭州人更节俭、更实惠、更凝重，那么杭州为什么流行衣裳鹞呢？这除了杭州人比较讲求修饰，追求外观美外，据说又和南宋建都杭州，以涌来大批上层官员和富户有关：他们身着黄马褂，举止悠闲，为杭州流行衣裳鹞提供了形式。所以，历来杭州人放的大多是衣裳鹞。

新中国成立以来，民间的放鹞虽未停止过，但由于政治运动一个接着一个，除了少数特别喜欢放鹞者制些花式鹞放放外，大多数放鹞人已无心放鹞了。所以20世纪80年代以前，杭州已经很少见到衣裳鹞了。从心里说，让人十分担心：这种有杭州地域特色的鹞，会不会从此消失？

改革开放以来，人民的生活水平普遍提高。放鹞人日益增多，特别是90年代以来，省、市搞了几次大型的风筝放飞比赛，使杭州的鹞文化、鹞市场日益丰富，于是有了今日西湖上竞放各式飞鹞的景色。我稍稍留意了一下，和以往不同的是：今天的衣裳鹞上大都印有蝴蝶、蜻蜓、米老鼠卡通等图案，更有点灯放鹞的，和过去仅一张白色桃花纸糊衣裳鹞，比较丰富了一些，至少在视觉上如此。

清明柳俗

　　清明渐近，柳丝低垂，春意盎然，人们在享受着垂柳带给人们绿的生命色及活的姿态美之外，折柳、咏柳、插柳等柳俗，成了清明前后的文化景象之一。

　　在古代，我国向有折柳赠别之俗，特别是文化人远行送别，友情所依，常以折柳相赠作为标志。这是因为古代交通不便，亲友远行，或赶考，或谋求营生，一天二天、一月二月不太可能相会，心头之情就会很自然流露出来。据《三辅黄图》载："灞桥在长安，跨水作桥，离人送客至此桥，常折柳赠别。"而王维《送元二使安西》诗中，更是写出了折柳后的赠别名句：

渭城朝雨浥轻尘，客舍青青柳色新。

劝君更尽一杯酒，西出阳关无故人。

　　插柳之俗大都流行于普通城市市民之家。南宋人吴自牧在《梦粱录》中描述古代杭州风情时说："清明寒食，家家以柳条插门上，曰'明眼'。"《武林风俗记》则说："清明前三日，家家插檐柳，虽曲坊小巷，亦青青可爱。插柳之枝，往日多取自湖堤。"也就是说，杭州人清明插的柳枝柳叶，大多取自苏、白两条长堤。所以民间旧有"莫把青青都折尽，明朝更有出城人"的说法。杭州刺史白居易的诗句更为传神："叶含浓露如啼眼，枝袅轻风似舞腰。小树不禁攀折苦，乞君留取两三条。"跃动着着作者的一颗惜柳之情和珍惜生态的心。此诗为《杨柳枝词八首》之七。

　　与插柳相似的还有戴柳之俗——将柳枝插戴于头上，也可认为是一种插柳，大都行于上坟途中的小男孩或小女孩，据说是为了辟邪。

　　清明咏柳，是民间清明前后话题之一，尤其是文化人，面对生意盎然的袅袅柳丝，禁不住要发出一声声吟唱。唐贺知章《咏柳？诗："碧玉妆成一树高，万条垂下绿丝绦。不知细叶谁裁出，二月春风似剪刀，"这是诗人描写早春杨柳的著名绝句，由于想象丰富，构思新奇，比拟生动，历经千年，人们还在享受着诗所蕴含的美感而传诵它。《秋柳》诗："欲挽长条已不堪，都门无复旧毵毵。此时愁煞桓司马，暮雨秋风满汉南。"这是诗人高启从深秋柳枝失去昔时风采，联想到东晋大司马桓闻在出师北伐至今的变迁，感叹人事无常的咏柳诗句。

164

漫话压岁钱

近日，广播和报纸上频繁地传播"学生拒收压岁钱"的话题。它告诉人们，旧历的过年已临近了；为了防止部分家长给孩子过多、过滥的压岁钱，对孩子们的心灵造成不良的影响，及早宣传和提倡一下"孩子拒收压岁钱"的话题，必要且有益。

压岁钱最早出现于唐代的宫廷内，是过年时宫内的散钱习俗和给新生儿以"洗儿钱"的结合。据《资治通鉴》所载，当时杨贵妃生子，"玄宗亲往视之，喜赐贵妃洗儿金、银钱……"王建在《宫词》中写道："妃子院中初降诞，内人争乞洗儿钱。"这是最早关于压岁钱的记载。它是大人给予小儿志喜、镇邪、作为"护身符"的钱，有"洗儿"、初岁的含义。后赐钱给生儿的风气逐渐传到民间。

旧杭州分压岁钱习俗，可分给小辈和给儿辈两种。一般这是在"年三十"夜分给，也有在正月头几天，小辈亲戚上门贺年时

季节文化

给与。小辈指已成人，如儿媳、侄子；儿辈指儿童和少年。所给也有不同，如对小辈，通常以银元，以红纸封之，于岁末给之；若对儿辈，"昔日常以铜钱百文，用红绳串之，于分岁时赐给"；也有用银角子包以红纸者，置于床头枕畔，使之有一个惊喜。

改革开放后的近些年，极大多数的杭州市民，口袋里的钱多了，对于独生子女的孩子，关怀备至，过年的压岁钱成了理所当然的事。然而由于攀比心理的影响，少数家长、给的压岁钱越来越多，你五十我一百，几乎以几何级数增长，孩子拥有的压岁钱竟有成千上万的。这样一来，给少数经济不宽裕的大人造成压力，同时也使孩子造成大手大脚花钱的不良倾向，失去了古时过年时给孩子几个压岁钱，买买糖葫芦，瞧瞧西洋镜，高高兴兴过新年的习俗。这种攀比心理实质上是面子观念在作祟。给压岁钱的主体系家长，有理智的应是大人；孩子固然可以"拒收压岁钱"，而压岁钱的源头¬——家长，更应该从有利于培养孩子美好心灵出发，少给压岁钱，或用其他形式来取代，使这从源头上"拒收压岁钱"。

原载《杭州工人报》

七、乡村行踪

紫金岩塔之谜

　　宁海县深甽镇清潭村，系汉名臣张良后裔的聚居村落，全村共有 546 户，1448 口，其中张良后裔（家庭）526 户，1368 人，有耕地 1200 亩及相应的山林。由于系名臣后裔，文化遗产十分丰富，包括爱好读书的传统，聪明颖悟的素质，以及山明水秀带给他们的滋润。

　　清潭村周围，群山环抱，东有红帽顶山、庙前山，南为大清顶山、唐帽山，西有吊鳖山，北有外伏虎山、大龙潭山、马家山。一条清溪顺山势而下流，潺潺水声，碧清水色，流经尽忠潭，流至双涧桥，掺和着九座山峰散发出来的山岚清气，山水风光极其迷人。

　　当我游历至此时（2004 年 8 月的一天），首先认识张丁如、张详今、张秉如三位乡夫子，并承他们介绍，又认识了村长张士军和张瑞成。在三位乡夫子的带领下，观赏了双枝庙、飞凤祠、尽忠谭等文化风景，而最让我思量的是紫金岩塔。

在村口的东首，有一座奇形的塔，孤零零地矗立在清潭溪边的田野间。塔名紫金岩，又名鸡子岩塔，俗呼螺丝塔。此塔全用蛮石砌成，共分四层，底层直径 7 米，高约 3.8 米是塔的基础，中层直径约 5 米，高约 1.8 米，为塔的中心部分，上层直径约 2.5 米，高约 1.1 米，为塔的顶端部分，顶部有一个朝天的碗形的石材结构。

对于此塔的来历，民间传说和宗谱记载稍有不同。

由于清潭历代有耕读传家的传统，南宋时，村里出了一位大官，名张玲，任宝阁相。民间传说：张玲告老还乡后回清潭老家。有一次，新任宁海知县前往拜访，不敢大声敲门，张玲的门人误以为"狗在门外"，边开门边骂声咧咧，"贼狗敲什么门，这大清早有什么好吃的。"可是开门一看，却是知县大人，除了推辞老相爷有病不接客外，免不了有几句解释误会的话。

可是，这县官明里不说，却怀恨在心。听说清潭村风水好，常出大官，是托了鸡子园岩之福。他决心设计打掉此园岩，破坏清潭的风水。就编造了一套说辞。在再次拜访老相爷时，编造了上套说辞，最终说服了张玲，得以实施打掉鸡子园岩的诡计。自此，较长一段时间，清潭村不出人才，直到元朝年间，村民自发在鸡子园岩旧地建塔，后定名紫金岩塔，才恢复出人才的传统。

而据《清潭张氏宗谱》载，"鸡子园岩，位在宅之下水口，为一园岩，园如鸡子，又名罗星，在水际。凝眸尽是嶙峋石，罕见似卵园，良匠不施雕琢。"从这段记载看，这塔原是一座园岩，在水中。它怎么会从一个整块的园岩石，变成由蛮石叠成的一座塔呢？尽管名称还是鸡子园岩（塔）。对于传说和宗谱所载的不同，村里人亦充满疑虑，但终究无法解释它的来历。

在比较了宗谱记载和民间传说后，我对紫金岩塔有下列几点认识：

一、它是塔还是坟？

二、它是独特的，其他地方见不到这样的塔，这是出于何种思维？

三、它虽有建于元·贞元年间的记载，但系何人为何事而始建，县志、镇志里都没有记载，张氏宗谱里亦无载。不过，它让我联想到蒙古族人的蒙古包，它会是元朝后期回族人或蒙古族人所建？

四、从此塔不由人不想起埃及的金字塔，金字塔亦为原色蛮石，是世界七大奇观之一；而紫金岩塔全由蛮石堆成，也是"金"字样式。

当我将这些想法和三位乡夫子沟通后，他们认为这也只能是一种猜测，或者说是第三种说法而已。所以说，清潭的紫金岩塔之谜，始终无法解开。到是方今，村里为了总结文化，立了《重修紫金塔记》的碑，算是有了专门的文字记载。

2004年8月25日这天，我留宿在张丁如老先生家。得到他的盛情款待。乡村条件差，又是大热天，那里没有淋浴设备，是张老先生一盆盆打了热水让我冲了个浴。这种盛情款待，令人感动。次日早晨，他又起了个大早，特地为我蒸了肉包子，还请张详今老先生陪同我一起去前童，并送至宁海县城。那瓶送我的土特产——酱。代表了他的心，但由于我不习惯吃土产，带回杭州后，一直放在那里，直到五年后，才将它扔掉。想到这些，我只能在心里说声对不起了。不知先生可知情否？

江南农村族谱存毁纪闻

族谱，亦称宗谱、世谱，是一个家族人口繁衍、支系增多后，在家谱基础上的延伸，也是古籍旧书中的一个小分支，特点是一般不进市场流通。一般说，以血缘为纽带的族谱，虽有粗分细分、卷多卷少、年代远近等差别，但大都包含谱序、谱例、谱图（世系表）、谱系本纪、族规家训、祠产（族产）、仕谱、人物简传、艺文等内容。

在城市里，族谱已不多见，可在江南地区的不少农村，还有较多的存在，特别是一些名人大族建起的村，由于祖上当官，有文化，产业丰厚，人口众多，且官运亨通，并在风光秀丽之地建村，为光宗耀祖和激励后人，往往建有族谱。笔者于 2004 年因采写《吴越古村落》一书，走访了吴越地区二十八个村庄，除山村林坑由于系非文化人建村，没有建立族谱外，大多见到了族谱。现将有关见闻叙述如下：

一、族谱的日常保管。族谱的日常保管，一般要考虑防盗、

172

防蛀、防潮、防火、防洪等。如一个村有一部或几部族谱，往往由族中有威望的"长老"指定专人负责保管。如建德市新叶村，除指定专人负责保管外，还在一幢明代建筑双美堂的楼上独辟一室，专门存放族谱。又如浙江兰溪的乡间有句"六月六，晒红绿"的时谚，说的是每逢三伏天，是翻晒族谱的好时机，就要拿出来晒晒太阳。该地区的花厅沈村系诸葛镇属下的一个村，因为村里只有一部族谱，就由族中年岁较大、威望较高的三个人轮流保管，翻晒族谱也由轮值者负责；此外，还要负责风雨虫盗火等灾害的防治，查阅则须族长或主人同意。

二、非常时期族谱的毁坏及护卫。保管和毁坏总是相对的。在特殊年代，往往有全村遭殃、族谱几致毁灭的情况。如19世纪中后期，太平军曾二进江南，族谱遭毁属于不免；上个世纪60年代，有个所谓"破四旧"阶段，烧了许多族谱，有的村几乎烧光。这时候，对族谱的保护就显得特别重要，有好几种情况：

第一种，千方百计藏匿、保护，多次转移地点，让造反派找不到，最后躲过一劫。宁海县深圳镇清潭村，据说是汉名臣张良的后裔。我去清潭村的目的，不仅要看看那里的自然风光、人文景观，更要查阅一下《清潭张氏宗谱》，以求证张良后裔的确凿性。

村里张丁如、张秉如、张祥金三位老先生听说我要来，早已将《清潭张氏宗谱》准备好。在世系表一页上，我见到了"汉留侯张良后裔"的记载，但细细一看，这族谱为石印本，有多页是复印的，显然不是原版本，这样的本子很难作依据，而村里原存的本子"破四旧"时统统被烧掉了。怎么办呢？有个叫张瑞成的青年人说，邻近的上张村有一本原版的，由一个叫张秉太的人保管着。他为什么能躲过那一劫？说是他将族谱藏匿在深山密林里，造反派多次搜索未得，才得以保存下来。

晚饭后，我赶去上张村，看到了族谱的原状。该谱系民国初年修订的版本，有民国要人戴季陶的题词。厚厚二十八册，装在当年流行的大书箱里。我又问了当年藏匿于山洞的情况，才知保管族谱是冒大风险的事，要不是对祖上的感情，他才不会做这类事哩！

第二种，用实力保存族谱。这样的村子也有好几个。大慈岩镇新叶村，离建德市区约二十公里，村民以业农为主，是叶姓为主的血缘村落，自南宋时建村迄今已有七百年历史。虽说祖上做的官不太大，但是文化积淀深厚。由于叶氏人口发展，他们建有自己的族谱，并且一直保留下来。"破四旧"时，人们虽有点摸不着头脑。可谁也不敢说族谱不是"四旧"，就这样，一本本族谱毁于一旦。

■ 曾是志愿军战士的叶永禄

当有人提出还有叶永禄家的一本族谱时，造反派找到叶永禄，让他交出新叶村的最后一本族谱。可是叶永禄对族谱感情太深了，坚持说这是祖上传下来的，是私人之物，不能交。叶永禄是贫农，并参加过朝鲜战争，是"最可爱的人"。更为头疼的是，叶正当壮年，他有五个儿子，都是年轻力壮，一字排开，挡在家门口。就这样，造反派知难而退，叶永禄家的族谱躲过一劫。

第三种情况是：心照不宣，隐着不说，人人不提族谱的事，根本不把族谱当"四旧"。这样的村子比较多，如兰溪的诸葛村，保留有从先祖诸葛亮起至诸葛村的始迁祖诸葛大狮世系的族谱。

依当年的形势，要是有人说是"四旧"，没人敢说个不字，但村里人都不提此事，所以得以躲过劫难。

又如富阳龙门村，是东吴大帝孙权后裔聚居的血缘村落，全村家庭百分之九十以上为孙氏后裔。在所谓的"破四旧"浪潮中，他们对族谱问题保持中立，不说立也不说破，避免和"四旧"搭界。就这样，《龙门孙氏族谱》得以完整保存下来。

再如武义县的俞源村，始迁祖为明代初年的俞义，他以隐逸居于俞源村，和刘伯温等名流常来常往，在村里建有伯温草堂。建村四百多年来，一向民风淳厚，少有盗贼。村里虽有人说"四旧"，但没人提族谱，就这样也躲过一劫。

三、续谱和修谱。族谱是全族人的历史记录，由于时光的流转，族内情况会有大大小小的变化。为了使族谱更符合实际情况，往往需要修谱即续谱，特别在太平年代，有"盛世修谱"之说。近些年，江南地区一些有族谱的村，大都修了族谱。如有世外桃源之称的俞源村，我去该村采风时，他们正在为修谱搜集资料，讨论得很热烈，我就拍下了那场景。有的村在修谱时，广邀海内外族人返回祖居地，广泛征求资料和意见，搞得热热闹闹，并召开族人大会。如被明太祖朱元璋封为"江南第一家"的郑宅，于南宋末年建村，始迁祖为郑国后裔郑淐、郑浤、郑淮三兄弟，他们迁入浦江后，建有郑氏族谱。那一天笔者到该村采访，正逢他们召开族人大会，布置宗族世系表填表事宜，有近二百人参加。

族谱是一个宗族传承发展的实录和有关宗族规约条例的载体，其中可能有一些封建迷信的东西，但它是一个族人的历史，也可以说是中华民族的一个细胞、一个基础单位的真实记录，只要注意扬弃，它是应该保存的。

朱熹后人园林缘

一、名称由来

我最早认识园林村在《浙江省名村志》上。这个颇为雅致的村名和大多有泥土气的村名不同。它为什么呼为园林？问了几位乡贤，不知所曰；查了有关资料，也不着边际。我不甘心。2005年1月14日，我赶赴园林村，当晚和村里八位朱熹后裔共同探讨；他们揣出了新老《园林朱氏宗谱》查寻，终于在《重建香火堂记》一文中找到如下一段话"地脉由乌石（山）蜿蜒而来，群山环抱，其林若园，有兴隆气象，遂家焉。"这大概可说是取名园林村的来历吧！

园林村系南宋时哲学家、教育家朱熹后裔的最大聚居地之一。朱熹的故里在福建建安，他的后裔怎么会到千里之外的园林村繁衍呢？这就和子孙的外仕为官，园林的山水风光特别优美有关。

南宋宝祐三年，朱熹的第四代孙（曾孙）朱楫出任衢州通判，随带其子朱照至衢州。当时，邻近的金畈村有硕儒徐霖，为省试会元，是朱楫的好友。朱楫就命儿子朱照拜徐霖为师。在受教时日里，徐霖对朱照的品貌才气非常中意，就将女儿许配朱照为妻。就这样，朱照在经坂村置了田屋两产，形成了在华墅乡落户的格局。

那时的园林，地在金畈村之南，还不是一个村落。《园林朱氏宗谱》载："其势甚广，而无虞其不足；其山甚奇，蜿蜒缜密回护焉；其水甚秀，四面旋绕范围焉""遥望牛眠山地，峰回路转，水绕泉环，其地为灵秀所钟毓。"用现代话来说，这里林木葱茏，山水秀丽，风景如画。所有这些，深深地吸引了经常去游走的朱照。南宋咸淳三年（1267），征得岳父的同意，朱照在园林筑屋定居，自此，开始了朱熹后人在园林繁衍生息、建村的历史。

二、三件宝

自朱照定居园林后，经过几代的繁衍，人口渐增，正如《园林朱氏宗谱》所载"不数传，丁渐繁，瓜绵绵矣，既成族"，不久即由一家逐渐发展成一族，于是有了园林朱氏宗祠之设，还在堂前的左右各建方形池塘各一以储水，这时的园林开始具

有村的规模，时间大约在元明交替之际。

子孙的繁衍，带来了资质的分化和对教育认识的参差问题。有的即使经济窘迫，也渴望读书，有些子孙则认为读书无益，对此，朱熹公早有预见，并立有遗训："子孙虽愚，经书不可不读"。

第一宝，义塾。

历史上园林的教育实体，经历了私塾、义塾、小学、初中及回复到小学共五个阶段。

第一阶段为私塾阶段。始迁祖朱照在园林建村初期，由于人丁尚少，子弟不多，一般以家塾形式，宗族是否有资助，无明确

记载；是否借宗祠课读，亦无记载，但读书传统是树立了。

第二阶段，是义塾阶段。大约在明末清初，既因族内人口繁衍，又因参差不齐，经济条件的不同，一些贫苦的朱氏族人无力延师课读。同治九年（公元 1870 年），由族长朱通培及其侄朱机成倡议，并征得族人的同意，发起义塾，挨户劝募，自愿原则，量力资助；征得每年 12 余担的田租，钱 156 贯（千元），用于塾师的束修等开支。同时，宗祠提供免费场所，作为课教朱氏子弟的场所。为园林义务教育开了个好的头。

朱氏义塾师由本村或邻村或县城的硕儒任教，入学者不收学费，清贫者还有资助，先生的束修每期六块大洋，同时，还创办紫阳书院，教学后期，学生中的出类拔萃者，赴乡、县、省三级考试，均有高中秀才、举人的，并吸收义塾中任教。

第三阶段，为小学阶段。由于科学技术及生产力发展，进入民国后，新式教学逐渐普及，园林由于教学基础好，较早走上办新学的路，1928 年，园林子弟朱睿高中毕业后返村，当时高中生比现下的研究生还要金贵，立即投入本村的教育，将朱氏义塾改为园林村私立紫阳初级小学，并改校董事制为校长制。1941 年转为民办公助，称后溪镇园林中心小学，邻村子弟亦来就读高小，接受新知识、新文化。1947 年改为航埠镇第三中心国民学校。1949年改名为华墅乡园林中心学校。1958 年，整个华墅乡的学校并入园林，班级达 29 个，教职员有 47 人，学生 873 人。1969—1982年附设二个初中班，校舍设在朱氏宗祠内，成为村办学校的大成者。1988 年迁入新校舍。

第二宝，保婴。

不管是过去或现今，在乡村中重男轻女的思想一直比较普遍，这主要有思想认识和经济能力二方面的原因，"重男轻女"的思想，反映在对待婴儿上是"溺女婴"。一些经济负担重的村民或因连续生女孩，或因迷信命不好，常采取溺女婴之法，以求经济上的解脱。这些问题，在园林村虽不很多，但也有发生。作为有教育传统的园林朱氏子孙，当然不会忽视。清道光九年（公元1829年），由朱氏宗族发起，重整保婴局，也就是将以前设立的保婴局整顿、健全、运作起来，运作要的钱，朱氏宗祠就发动全村捐助，捐得年田租28担又钱80余千文，以备散给有女婴的赤贫之家。

除了帮助，还有配套的惩罚，且不是"挂羊头卖狗肉"的，而是实打实的。光绪年间，村里有个朱东海溺婴（女婴），查实情况，严格执行，按条例罚大洋10元，没收款缴保婴局。

这类溺婴，不属经济困难，罚得应该，也罚得起，因为保婴措施对赤贫难育之家，有比较保证的补贴，从怀孕之时起，每月按时送给600文，持续四个月；生后每月再给钱300文（约半年），使他基本能继续产后的费用。

如果万一产妇死亡（古时卫生科学条件差，妇女生育有半只脚在阎罗殿之说），局里贴钱5400文，其女婴由局董事觅人抱养，一句话，保婴局做的是人性、人道的善事。

第三宝，禁赌。

园林村以重视教化闻名远近，作用是巨大的，但十个指头总有长短，赌的诱惑性和少数人的意志薄弱，导致园林时有赌博发生。清道光25年，园林朱氏宗族终于下决心禁赌，经请示县衙同意，出示布告禁赌；煞住了聚赌博风，咸丰年间，太平军扰浙，衢州首当其冲，告示遗失，至同治年间，赌风又起，为害不浅，村民心忧，村内不安。同治十三年（1874年），由宗祠主持朱机成等呈文西安县知县，请求禁赌立规，再次获准立案，碑宗祠，永远禁赌。碑记规定，凡在园林村内聚赌，不论何人何地，捉住后罚给每个村民 1 斤猪肉；16 周岁以下有参赌博者，罚其家户主，给全村每户猪肉半斤。这一年朱机成的侄儿朱禄敏参赌被抓，其家贫寒，出不起如此多的猪肉；朱机成代侄受过，自宰肉猪，按禁令给每户分肉一斤，朱机成的表率行为，具有较强的震撼力量，也感动了一生有赌博瘾的人，此后数十年，全村未发现赌钱的事。民国初年，刘坂郑某，江山平埂周某，先后在园林山场聚赌被抓，给村民每户分肉一斤，1942 年，朱鸦头、杨卸丕等聚赌被抓，除罚给每户一斤肉外，每户另加二只大馒头，对于抗罚者，则鸣众并拍产执行，真是说到做到，雷厉风行，对于赤贫者聚赌，这严肃村规，勒令迁出园林；严重者鸣官查办，严惩不贷，总之，不搞走过场，进入 20 世纪 50 年代，若聚赌被抓，采取游街示众之法，60 年代则改为罚做义务工。

三、今日园林

园林村位于衢县江山、常山之地交界处的乌石山下，江山港环村而过，紧靠衢江公路和浙赣铁路的后溪火车站，虽稍远，但交通便利；村属城区华墅乡，乡现为柯城区属下。以农业生产为主，有水田 1360 亩，山地 3500 亩，全村 526 户，2000 口，其中朱姓及其家属约有 1600 余人。

朱照成为园林村的始迁祖后，就将教育文化注入了园林村，对园林的发展规迹有所影响，概括起来说有三个方面：

一是因为重视教育，硕果累累。由于园林一贯重视教育，民智得到比较充分的开发，出的人才也多。以近些不完全的统计，从园林出去的教授、专家、将军等各方面都有。如历史学家朱上根，毕业于园林小学，随唐史专家，现服务于中国历史博物馆，主要著作有：《唐代的榷盐制度与刘晏的改革》等。又如气象专家朱聿来，在园林紫阳小学毕业后参军，在部队继续学习，专攻气象学，成为人工影响天气的专家，在四川任职时，被授予四川省科学大会重大科技奖及全国科技大会重大科技奖等。

二是民风淳良，颇具古风。在和朱氏后裔交谈中得知，园林村很少有打架斗殴之事发生，历史上如此，今日基本如此。笔者在园林行走二天，所见所闻，都是一副笑容可掬的样子。由于笔者借宿在村民朱大叔家中，将包放在外客厅，在外出采访时，拟将包放入他的房间中，而他家一贯不锁门，当我出去时，希望他们将门锁一锁，而他们认为不必，仅要求我将钞票拿出。这种情况在城市少见的。

三是崇尚简约，不离农本，知足常乐。承袭了自园林建村而来以林为本和以园为主的村风村格。大约自 20 世纪 80 年代起，由于人口增多的压力不断增加，居住用地显得比较紧，村间的一些巨樟大树不得不砍伐，得是园林人不忘园林本色，在全国各地大办工业的浪潮中，仍然坚持以农林业为主，利用土地的优势，家家种桔，做到户户有林，全村仍然处在树林包围之中。据我的访问所得，平均每户拥有桔林面积约二亩，每户每年平均约可收获二万斤桔子。虽然收入不如工业来得多，但他们都比较知足。

二天园林游走，总的感觉虽如此，但对园林经济不够发展，村民较少享受到现代文明成果，总觉得有些惋惜；但是，若发展加工业，则势必带来对环境的影响，何去何从，朱氏后人将会作出抉择。

原载《文化交流》

田园牧歌苍坡人

　　如果您有机会到农村去作客，碰上一辆城市早已绝迹的独轮车，那是很平常的事；而要见上吹牛角货郎这类"古董"，就比较稀罕了，我因为撰写《吴越古村落》一书，在楠溪江中上游的鹤阳、蓬溪、鹤弯、苍坡等村行走，而多次在那里见到牛角货郎的身影并听到那号子声。

　　苍坡村是永嘉县岩头镇属下的一个行政村。在楠溪江的中游，美丽的芙蓉峰下；初建于后周显德二年，系李姓为主的血缘村落。南宋村，五世祖李嵩礼请"风水大师"李时日，按文房四宝设计建村格局。所以，村里有"笔街""砚池""锭墨"，以及"亩亩农田就是纸"的说法。村里有耕读传统，"牛角挂书"一语就出在这里；古迹众多，文化气氛极浓，水月堂、望兄亭与送弟阁、仁济庙前千年古柏等，都是兄弟情深和谐故事的物证；尽管这些故事在眷恋之情中有些苍凉。

那么，现代的苍坡人生活得怎样呢？我从接触的一些人，看到的场景和气氛，总的印象是：苍坡人和善、和谐，耐得住清贫，自然质朴地默默生活着。

那是 2004 年 7 月 24 日的早晨，我和浙江青年学院杨坚康副教授，从邻近的芙蓉村赶到苍坡村时，约为七时半。目标是采风、拍照。在笔街的中段行走时，有一家的女主人叫李修霞，开着一家小店，清早起来后，就在门前串呀串的。小店尚未落排门，就在做副业，可见她的勤劳。细一问，这是为台州的一家节日灯厂做零部件加工，每串一只三分钱，一天能串三百只左右，一天能挣 5~6 元，如做足 12 小时不歇手，大致不过 8 至 9 元钱。再问如此微薄工薪，何不开好小店。答曰：小店开一天不过三、四十元钱的营业，赚不到二、三元。当然这是平常时日；在旅游旺季时，游客蜂拥而至，买矿泉水的就多，但这不是常态。

在南宋石墙的西头行走时，我突然听到一阵"呜呜呜呜"号角声，音质清亮且淳厚，这是一种极陌生的声音，虽冲破了山村的寂静，但由于它音质清纯淳厚，显得分外可爱。我迅速做出反应。顺手拐过石墙巷口寻找。猛然间，一个吹牛角号子的中年汉子出现在我的面前。他依着一部旧三轮

车上，摊着批来的条肉，问其姓名，说叫李修克，问其家庭，称一家 5 口，一亩多地，务农为主，所产粮食和蔬菜够自家吃。问其收入，答曰：肉批进 6.5 元 / 斤，卖出 7.5 元 / 斤，一个早上可卖 5 到 6 斤肉，补充家用。问其何不外出打工，说是那是小伙子的事，何况打工也不易，家里也不太离得开。说毕，他又吹起牛角号，声音"呜呜呜呜"，响彻长空，告诉村人卖肉的在此。一派乐天知命、安于现状的样子，可见苍坡人和善的品性。

再说一说为我开车的小伙子李晓亮，清瘦、小个，看样子不过二十岁出头，和和善善，领路、讲解、等待等分外之事主动热情自不必说，毫无防范之心，亦可见一斑。那天离开苍坡村时，亦是他开的三轮摩的送我们行走，在去岩头镇的中途，本没有停车任务，但他主动在"送弟阁"前停车，为的让我们多看看阁的真相。由于我的行李放在车上，当他拟将车子停往路边时，我就有些不放心起来，要求他将车子停在阁旁边，他认为不必，我又要求他不必给我们讲解，请他给我们在车上管管行李，他又是一句不必，还说，这里没人拿东西的，不像城市里。这话有点儿说城市复杂和城市人多心，作为我，除了相信这小伙子不会骗我外，仍不时拿眼睛飘向不远处的车上，可见我的心没有他坦然和纯洁。

在离开苍坡村的那刻，我不免想起了陶渊明的《桃花源记》。一个多月前，我在武义县俞源村行走时，对于那里的青山、绿水、山坳的环境，淳厚、善良、质朴的人品，有过这里是世外桃源的感觉。而在苍坡村的半天采风中，感应相同。现下，由于城市化的进程加快，许多农村已呈"空心化"的模式，传统文化的淡失在加快。但愿像苍坡那样的"现代桃花源"能够不遭破坏，让古朴纯情的苍坡人，留在现实生活中。

原载《杭州日报》

静静的新叶村

　　这是我的第二次出行，目的地新叶村，一个以明清古建筑类型齐全而知名的古村。汽车从杭州西站出发，至新安江转车。原因是新叶村无旅舍，住宿需有熟人介绍；新叶属建德，风景旅游局的朱红霞同志早已为我和新叶村联系了。刚到局里，她立马再给大慈岩镇的同志打电话，嘱转告新叶村主任（村长）叶建良，采写《吴越古村落》的杭州客人到了。

　　新叶村原名白下里叶，白下指的是白崖山下，即今天的玉华山下。叶为姓氏，由此可知新叶村坐落在玉华山下。村始建于南宋宁宗嘉定年间（1208—1225），始迁祖为叶坤。历经宋、元、明、清、民国，已有七百多年历史，至上世纪九十年代，已繁衍了三十代；全村约有百分之九十为叶姓族人。

　　由于新叶村一贯以农业经济为主，比较封闭，至今犹保留着明清建筑约二百处，且各种房型齐全，有大小祠堂，各档住宅，庙宇和文昌阁，书院和学塾，及拎云塔和枯童塔等；其中明代建筑约有十五处。按清华大学陈志华教授的说法，从研究古建筑来看，新叶村的特色是类型齐全，以普通民宅为主，虽不恢宏，但它是民本，具有较高的研究价值。

在踏访新叶村过程中，我吃住均在村民叶同猛家里，并认识了一位热心人叶洪富；由他作向导，行走全村。在二天中游览了：有序堂、崇仁堂、崇德堂、崇智堂、西山祠堂、文昌阁、土地祠、抟云塔等公共建筑，及众多民间住宅，作了询问、凝望、摘录、拍照等。最让我感兴趣的是双美堂，堂不大，但小巧精致，且古朴凝重，保持也较完整，村的宗谱也存放于此。

双美堂是一所颇为精致灵巧的江南院落。座北朝南，约建于清代中后期。进得大门，扑面而来的是约五十平米的小花园。院左为小鱼池，池畔有木雕花窗和石沿坐。院右种花栽树，相映成景，有石桌石凳供休息品茶之用。穿过花园，为前厅，左有新叶图书室一间，据管事人说，此室建于 1978 年，为村民提供精神食粮。穿过前厅，豁然为约二百平米的正厅，厅分三部分，中间为迎客厅，建有中式木质"回字"栏，厅中置一大缸，有一铁树。左边有一门间隔，门内有一福字照壁，意为纳吉容祥。壁后为一座石砌水池。右首为本宅的主屋。高置的红木桌椅庄重、静穆地等待着每一位访客。一块"双美堂"的匾额高悬中间，告诉人们，这里就是本宅院的主屋。从整个堂屋而言，显示出一种历史的厚重感，它和现实确有些距离，正因如此，才有那么多城里人来这里旅游。

文昌阁及阁旁的抟云塔等建筑，是新叶村确立"耕读传家"的文化标志和传统。它七级浮图，高插入云，鹤立于众多平屋之巅，标志着村子以劝学为主导的文化宗旨，鼓励村人读书入仕。新叶另建有村学堂等教育场所，除了免费为本族子弟提供入学机会外，它的显效是：传递"耕是基础，追求生活的温饱；读是进取，希望村民获得功名"，除了改变自己外，兼有荣耀叶氏宗族的意味。塔名拎云，就有出人头地的寓意。

两天的行走和观赏，让我认识到一个问题：虽说新叶村的古建筑谈不上宏伟高大，但精致细巧、类型齐全，被称为古建筑的博物馆，并非浪得虚名。

旅游攻略

行：从杭州南站乘中巴车可直达新叶村，8:20 开车，一天一班；从新叶返杭州，下午 1:30 分开，车票 29.9 元。如上述时间不合，也可乘汽车至建德（即新安江）或寿昌，再转车至新叶村，车次较多。如乘火车，可在檀村下车；至新叶有中巴，半小时一班，车票 2 元。

吃：村口有小店，供应面饭；村里有杂货店，有点心可购。村民家有农家菜，如野生小笋、溜豆腐等，风味独特。

游：双美堂、有序堂、文昌阁、土地祠等景点有人看管，不收门票；如欲参观西山祠堂等，可请村民帮忙开门，退休干部叶洪富就是一个热心人。

链接：附近就是诸葛村，一天六班，3 元可达。

原载《钱江晚报》

郭洞：古生态村

　　武义县的郭洞，因"山环如廓，幽深如洞"，被呼为郭洞；又因树木葱茏，空气清新，被誉为古生态村。

　　郭洞是郭上村和郭下村的合称，建村已有七百年历史。居住者极大多数为何姓，始迁祖何寿生，原为武义的一介书生。元至正三年（公元 1337 年），何进山看望住郭洞的外婆，见到此地三面环山，翠嶂千重，碧溪双流，古树参天，认定是一处风水宝地，极为喜爱。后征得父母及外公的同意，毅然从武义县迁居郭洞，开始了何姓宗族在此繁衍的历史；至今已历三十代。据说，何寿生深谙风水术，将村庄按八卦形设计并建设。

　　由于郭洞远离县城，一些明清古建筑保存得比较完好，如村口的寨墙、回龙桥、石亭，村中的海麟院、文昌阁、二十多处保存较好的明清住宅，最值得人们称道的是何氏宗祠，始建于明朝万历三十七年，气势恢宏，气氛肃穆，梁柱高约四米许，堂内悬有历代各类奖旌匾额三十多块，是何氏宗族的荣耀所在。宗祠内有古戏台，每逢重要节日，总有好戏连台，供村民观赏娱乐；据载，建台之初，正是郭洞兴旺之时，还请多位著名理学者来此讲过学。

要说郭洞的珍贵和独特，当数这里原生态的苍茫树林和飘荡在那里的清新空气。郭洞背靠龙山，龙山是森林公园。树多林深，一般感觉是空气清新，而科学则认为阳离子丰富。据科学测定，大城市的居室内，每立方厘米空间约含阳离子 40~50 个，城市街道约含 100~200 个，农村田野约含 750~1000 个，而龙山森林公园内约含一万多个！所以，龙山的空气特别清新，有天然氧吧之美称；在那里多待待、多呼吸，既是一种享受，也是一项保健。

由于龙山山高林密，野兽也不少，有黑麂、野猪、松鼠、各种蛇，以前还出现过老虎，最为珍贵的是：一级野生动物游隼。山上还多野生药材，灵芝也常有发现；上山探林，要特别注意安全。

笔者曾两次往郭洞探幽，第一次主要在郭下村行走。山下以居家为主，民风淳厚，好客热情。从山下村拾级而上，至半山有一间茅屋，备有桌椅清茶，两位陪同导游告诉我，再上去就有可能遇见野兽。第二次去时，驱车到郭上村一走。这里以居住为主，只好与村民闲聊后下山。

原载《钱江晚报》

江南第一家

——浦江郑宅探访录

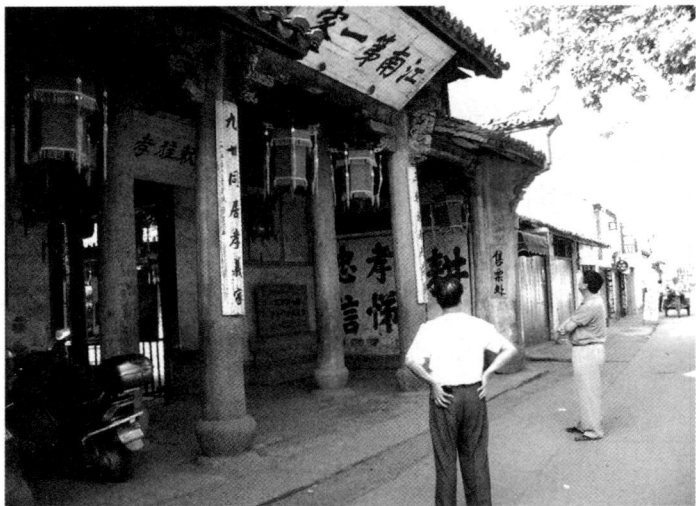

　　我即将去游历的是颇具神秘气氛的"江南第一家",因为从不少宣传资料看过去,这"江南第一家"以同居共食历三百多年不衰而闻名。这不是和原始共产社会有共同之处吗?这不是和十九世纪罗伯特·欧文实践过的共产主义新村极其相似吗?原始状态的共产生活,随着社会的发展而被取代;罗伯特·欧文式的共产主义新村,因人性之私的固有,而成了历史,那么这主要毁于一场大火的"江南第一家",为什么能历三百多年而不衰?它的神奇究竟在那里?于是,我和郑宅文保所蒋理仓书记联系,并有了郑宅镇的探访之行。

　　"江南第一家"是一所浙派风格的古院落,门楣上的五个大字。系明太祖朱元璋所赐。

站在大门前，我首先注意到"第一家"的含义。"第一家"一般情况下指首富。翻开历史，郑宅的先祖原为春秋时郑国公的后人，原姓姬，系周武王的后裔。后随郑国而改姓郑。至北宋年间，有后人郑渥、郑涗、郑准三兄弟迁来浦江居住，从郑氏宗谱的这些资料看，郑家是名家望族当无歧义，但就财富来看，似与"第一家"没有必然联系。那么，是什么使郑氏家族得到"江南第一家"的荣誉呢？

北宋元符年间，由于郑氏已有好几代在浦江附近的严州、睦州为官。其中郑准一支发展得特别好。他曾卖掉一千多亩良田，用来救济灾民。后来，郑准的孙子郑绮主持家政。那段时间，已届南宋初期，社会不稳，饿殍遍野。通达《春秋》《谷梁》之术，且事母至孝的郑绮，不因家庭经济困境而退缩，相反却以勤俭而重振家业，并开始倡导同居共食。《宋故冲素处士墓志铭》中记载着他临终立下遗嘱，告诫子孙要以孝悌为先，共财聚食，乃至要子孙向天赌咒，如有违反，天地共殛。由于郑绮的威望和子孙的孝行，从此开始了郑氏家族的同居共食的历史。

郑绮为什么要倡导同居共食？大概看到子孙的能力有大小，所获有高低，容易产生贫富分化。但他更看重亲情。不仅希望他们团结，更要求他们互助在初始阶段，他只作为家族间的一种互助措施。

到了郑氏第五世，时代已向元朝过度，而郑氏家业已渐趋振兴，人丁也相对繁衍。更为可贵的是郑家的孝悌之行和同居共食之举，开始产生社会影响，乡里和官府均有了好评，这就促使郑氏将它当作一番事业来对待。当时主持家政的五世祖郑德璋，为了继承和光大同居共食的传统，他做了开创性的三件大事。一是针对宋元交替阶段社会较乱的背景，建立乡里联防武装，保乡安民。二是制订治家准则，用以规范族人的行为。三是预防子孙失学，创办东明书院，规定郑氏子孙必须入学。

至郑德璋之子郑文融主持家政时，又进行了新的开拓，他第一步是辞去官职，一心一意研究治家之道，搞好家业。并且很有针对性的制订《郑氏家范》58 条，后又增 73 条。如针对家人中迷信鬼神，供奉神灵，在《家范》中责之为"淫祀"，列为禁止之列。使治家走上法制化的轨道。

由于郑氏族人同居共食事业的发展，褒奖开始从地方而升格为朝廷，元至正十三年皇太子赐"麟凤"匾额，右丞相脱脱书"白麟溪"三字界石以赠等。至明朝初年时，郑宅门的同居共食达到巅峰。那时，郑氏家族的人丁，从已逾千逐步到三千以上。除了《家范》已增补至 168 条外，家族的高层管理人员，职务已有 18 种，分别为：宗子、典事、监视、主记、通掌门户、掌管新事、羞服长、掌膳、营运、掌畜牧、知宾、山长、主母、掌钱货等。既分工精细，又互相制约。为此，得到明太祖及建文帝的极高恩宠。如朱元璋二次亲书《江南第一家》《孝义家》，建文帝亲书《孝友堂》，赐赠郑氏家人。

郑氏同居共食逐渐淡出，既有政治因素，更是自然灾害造成。政治上，由于郑氏族人曾亲善建文帝，永乐帝朱棣从侄子手里夺取皇位后，对郑氏的支持开始降温。但郑氏族人仍然维持着同居共食的生活。并经历永乐、洪熙、宣德、正统、景泰各朝。直到天顺三年，一场大火，烧掉了郑氏家族的大片房屋，使延续三百多年的义居，不得不改为分号义居，朔望会食于宗祠，一直维持到清朝康熙年间。

"江南第一家"还有孝行的传统。

在有序堂展出如下事迹：一始祖郑绮，以纯孝儒生为正史记载，其父郑照，得罪势家致囚，他"号泣奔视""以额触门"，上书刺史钱端礼，乞代父受刑。他还有奉母至孝的事例，其母病，"手足不能屈伸"，郑绮"日候床下，抱持以就便溲者三十年"。这二则记载极其鲜明生动的显示出郑绮的孝行。郑绮是当时郑义门的家长，其行动更具表率作用，是开创江南第一家孝行的精神力量。

在郑宅还有孝行的一些景物：孝感泉。出郑氏宗祠，可见一条白麟溪，缘溪东行百米，南岸有一亭，临于一口小方井之上，名孝感井。此井有个传说："那年天旱，水脉皆绝"，（郑绮）母"嗜溪泉"，他"凿溪数尺而不得泉，乃恸其下三日夜不息，水为涌出。"乡人感于他的孝行，将此泉名为孝感泉。井呈方形，纵横丈许，虽不深邃，但清澈见底。我第二次走访江南第一家时，恰逢一妇女在打水，导游江湖娇借过水桶，试着打水，我就摄下了这一镜头。"孝感泉"三字，为明代蜀献王朱椿所书，亭柱上有一联。曰："千古风流麟溪水，一泓懿范孝感泉"。

在郑宅，还可从楹联、匾额等物品看到孝行。郑氏宗祠的第一进为"师俭厅"，第二进为"和义家"，第三进是有序堂，以下依次为四进孝友堂和五进寝室。在师俭有联曰："孝友出张陈之上；文章接吴宋以来"。上联颂扬郑宅之孝，高于唐朝时的张公艺和宋初陈竞的"百忍"。另一联曰："孝且忠，政事无非德行；义且节，巾帼亦是丈夫"。反映出郑氏子弟即使出仕为官，也是为了家族繁荣这一使命；而下联针对在家操持家事的妇女而言，赞誉她们为家族、为国家作出"牺牲"的节义之行。

在郑宅，人们也看重"悌"。我曾经试着问过几个人，"悌"为何义？他们都会说是兄弟和睦，相互善待，引申可说是有福同享，"析产不争"等。有的说得更具体："在家敬奉父母，不在家尊重比自己年长的人"。这是不是印证郑宅人有孝悌传统？在有序堂上，《郑氏规范》第十一条载，"听、听、听，凡为子者，必须孝敬父母，为妻的必须相敬丈夫，为兄者必爱其弟，为弟者必敬其兄。……"在当时每月初一、十五，击鼓24下，参谒祠堂祖先后，立于堂下听训时唱出的，目的是要郑氏子孙，经常回忆祖训，警策自己，奉事孝悌。第十二条中的"男训曰：人家盛衰，皆与积善或积恶有关，在家则孝悌为先，处事要仁爱宽恕，遇事能接济他人。女训曰：家庭的和睦与否，与女人是否贤惠有关，何谓贤？"事公婆以孝顺，奉丈夫以恭敬，待姑娌以温和，对子孙以慈爱。"

在郑氏族人中，对"悌"更是身体力行，在宗祠"仕官厅"挂有郑德珪兄弟的像。郑德珪，郑宅五世祖（1238—1278），短小精悍，美髯过胸，神采奕然，年少时即有才辩，长大后，慷慨豁达，恪守信义，乡邻有争论，由他出面调停，就能将纠纷解决。其弟郑德璋，秉性刚直，得罪乡绅卢氏，被诬告押解扬州问罪，德珪以已身揽"罪责"，毅然代弟去扬州，

表现出兄对弟的爱。同时，当德璋发觉兄代受罪后，一路追随至扬州，要求"问罪自己"；同样表现出弟对兄的"悌"行。

宋元交替时，社会动荡，盗贼四起，民不聊生，德珪命其弟德璋以计诱之，捕获贼首，押送官府治罪，后又建立联防，垒大石为城，抗御贼盗，使乡民得以安生。当时由于离乱加上灾荒，粮食极缺，百姓饥饿待毙，郑德珪让饥民来家同食，救活了许多村民。又如善待族人，"遂安族子有操瓢丐于道者"，郑绮"挽其还，呼妻卖簪珥制衣衣之，且割所耕田以给"。表现了"悌"义的延伸。

关于明太祖颁"江南第一家"额，已经历五百多年。这"江南第一家"的后裔如何了呢？听说正开大会，我就去了。

出"江南第一家"大门，过白麟溪桥，绕几个弯，来到一所

叫"大会堂"的地方，几对大眼睛立即投来问讯的目光。经过自我介绍，有个叫郑秋桂的中年汉子给我拿来一个凳子。

我向会场里探了探，正在开着大会，一二百人的样子，一个年长者正在作着动员，目的是修宗谱，第一道程序是：填一张祖系子系表，如何填法，对疑点难点作了一些解释，我从郑氏后人借过表格一看，对领养的、迁入的等等该不该填表，都作了说明，看来郑宅的后人对家族曾有过的辉煌是极有感情的。我立即摄下大会的场景。在和郑氏门人攀谈中，无意间听到郑王恩福的事，王恩福为郑樟林（已故）之妻，现年 104 岁，有三个儿子，长子郑志友，次子郑定志，幼子郑定渭，一贯事母至孝，邻里称颂，誉满郑宅。2002 年夏，郑氏王恩福无意间说了句"天气这热的"。这本与孙子郑金章关系不大，他立马去城里买来一台空调给装上，代父尽了孝。孙子为直系，于是在郑氏有了"隔代不隔孝"的说法。

我第三次去郑宅时，特意去探访老人。当我提议为她拍一张照片时，老人揣过一只单凳作保护，自己走到客厅坐下。她的儿子郑定志告诉我，老母于 2002 年夏，因跨台阶不慎，遭了粉碎性骨折。从那时开始，她虽能自己走路，但开始用一只木凳作保护。在郑宅采访时，我又听到"儿孝不算孝，媳孝是真孝"之说。郑王恩福不慎骨折，恢复期的照料，是孙媳妇雇人并出钱的，一概不用老父亲操心。郑氏后人的孝行很多，我为什么独独举郑氏王恩福的事例呢？因为她的高寿就是事孝的结果。

我又问了几位郑氏后人，了解到一些现代的孝行孝事，而独独问不出有什么不善不义不孝不悌方面的事。看来这和孝的倡导有关。

东阳有卢宅

卢宅，傍依雅溪，古为村居。建有卢宅，气势宏大，向以姜太公后裔聚居、全国重点文物保护单位，而引为骄傲。尽管它现在已划入东阳市区，但极大多数乡村研究者仍将它纳入古

村落的范畴加以审视。东阳卢宅是江南地区保留最完好的明清古建筑群之一，占地面积 25000 平方米，总体看，由：大照壁、甬道牌坊、捷报门、国光门、肃雍堂、世雍堂、爱日堂、淳叙堂、善庆堂、树德堂、东吟堂、世德堂、存义堂、西荷亭书院等景点组成。其中的肃雍堂为九进院落，纵深 320 米，为卢宅精华所在，是国内唯一的长达九进的古民居。

古牌坊，是卢宅的建筑美景之一，向有"卢宅的牌坊，李宅的祠堂"之说。坊以石材为主，还有砖坊、砖木混合坊、石木混合坊等。性质分二类，一为褒扬功德，显示官职；二是旌表妇女贞节，宣扬忠孝节义。如进口的"大方伯"，系功德牌坊，褒扬天顺壬午科解元卢楷（祖），嘉靖丙辰科进士卢仲佃（孙），万历丁

丑科进士卢洪春及嘉靖甲子科举人卢洪夏（曾孙）。

那天中午，卢宅文保所办公室主任吴新雷，放弃休息，给我导游，行至捷报门下，我见到卢楷作的一首《朝天门题诗》："昨从和步拨船开，才过兰江晚钓台。今日浙江亭上望，半千里路似飞来。"似熟悉又陌生，说熟悉是我在写《杭州鼓楼轶闻》时，引用过这首诗，说陌生似觉"亭"字有误，我试着将此意说出。吴主任不愧是个行家，立即忆起鼓楼即镇海楼，此"亭"字应为"楼"字，并表示将改正。边上人立即将我们探讨的情况摄入相机。

卢宅主建筑肃雍堂，始建于明景泰丙子年（1456），天顺壬午年（1462）落成，门面阔三间，翼以两庑，厅堂之间，由穿堂相连，形成工字形平面。建筑构件斗、拱、梁、枋、檩、牛腿、门窗、家具等，广泛采用浙派格局，木雕装饰巧构细缕，精美绝伦，为浙派建筑的精华。装饰题材分为：人物、山水、名胜、花卉、器皿、形纹等。大都寓吉祥、欢庆、和谐、憧憬之意，如渔樵耕读图、福禄寿禧字型等。

"北有故宫，南有卢宅"，卢宅之所以有此声誉，又和棋布的各花园有关，如：日涉园、金谷园、百果园、应峰园、绿斐园、绿雪园、芙蓉园、菽水园、蔗园、亦园等。历史上曾是文人雅士荟集，吟诗作文赞美，有"雅溪十咏"及"蔗园八景"。肃雍堂内另保存着三百多盏宫灯，其中的大堂灯最负盛名，已列入1999年吉尼斯纪录，编号为：00809。全称为"宝盖二联

三聚四合五星六彩七穗羊角灯"，呈六角形，高4.05米，直径2.1米，重127.5公斤，用40万颗玻璃彩珠穿成。整架堂灯，华丽典雅，色彩绚丽，行家认为胜于《红楼梦》中荣国府的"联三聚四玻璃彩灯重"，足见此灯之壮观，值得每一个游客看一看。

卢宅如此豪华富丽，除了历代卢宅主人的富有，更因卢宅诗

书传家，代有文人或官宦。以明清两代为例，自永乐十九年（1421）卢睿中进士后，五百年间，卢氏中进士八人、举人二十九人，涉足仕林一百二十多人，荐举恩封三十多人'科举场上曾出现过"同胞三凤""一跃双龙""祖孙父子兄弟科甲"的史迹，真可谓：翰林进士解元联蝉，布政御史知县冠裳，正是雅溪卢氏诗礼传家、家世鼎盛的写照。

行：自杭州出行，有汽车直达，东南西北站都可购票，快客价 45 元。火车需在义乌站下车，中巴车至东阳 10 元，凑足四人发车，也可乘流水班车至东阳，票价 5 元。

吃：车站附近、市内各街，均有餐馆、小吃，以大路酒菜面饭为主。

购：东阳以木雕知名，为浙江三雕之一。卢宅附近有精致的木雕构件，价格随行就市，因识者的品格而定。东阳近义乌，小商品、旅游纪念品琳琅满目，价格公道。

原载《钱江晚报》

诸葛村的古玩

　　在农家乡村存有古玩，这并不稀奇，因为愈是乡村，"遗世"的古玩珍品愈有可能被保存下来，在文化古村保存有古玩，

　　这更不算稀奇，因为文化古村大都为古代名人所创建，他们不仅富有传统文化情结，而且一定会有大户人家，存有较多的古玩是很自然的事。不过，在一个乡村里，不但有古玩，而且开有许多古玩店，还是村里的"支柱产业"，这在全国恐怕不多吧！在我已六次去过的诸葛村，就是一个特例，那里不仅古玩店多。而且名声在外。

　　民间古玩，大致可分为：私人存有和商业流通二大块。诸葛村的所有古玩也不例外。其民间存有的，由于牵涉到"隐私权"，不便多说。不过，"浮于"面上、公开摆在堂屋的，如堂匾、条幅、画桌、笔筒、砚台之类的属于可说的范畴。在这类古玩中，以"中堂"诫子书为多。原因是：整个诸葛村十分敬奉先祖诸葛亮的遗训，几乎每家每户，都贴有《诫子书》，考究点的人家，悬有传已数代的《诫子书》，所以，在诸葛村三岁的孩子也会背"淡泊以明志，宁静以致远"的名句。有些嗜酒的诸葛亮后裔，还有将先祖诸葛亮的《又诫子书》抄写并贴于墙壁的，为告诫自己饮酒要有节制，不要纵酒，更不宜狂饮滥醉。以诸葛亮五十世裔孙诸葛达老先生家为例，厅堂正中悬《诫子书》，字体为大篆，系海宁书法家马飞熊所书，古朴庄重，典雅圣洁，既可作鉴赏，也是对先祖诸葛亮的纪念和对自己的警策。前庭门楣悬"跨海赴东瀛，胜览樱花国"字幅，系 1996 年他应邀赴日本访问"日本中国诸葛亮研究会"时，他的日本朋友、西泠印社国际社员师川妙石所赠。

诸葛村的民间古玩，据说也有待价而沽的，有点儿神秘感。清代同治年间，太平军李世贤部的一支队伍，曾在此驻扎约三年时间，退走时将丞相祠堂等十八厅堂及整整一条商业街烧毁。不过，房屋虽毁，但一些元明清的建筑构件及一些藏品，并未全部消灭。在战乱平定之初，一些村民陆续回归，有的在断墙残垣中将构件拣回家中，有的从池塘中挖出后秘密收藏。至 20 世纪 90 年代，文化有所回归时，陆续有出手。据说还有少量流散民间，待价而沽，但准确性谁也说不清。

说起诸葛村的商业性的古玩，先说一个有趣的现象。在诸葛村的二大产业中，餐饮业基本都是本村人在做。唯有经营古玩者大多为外地人。为什么呢？除了诸葛村游客多、人气旺，商业环境较好外，不乏一些"守株待兔"者。大约在十五年前，诸葛村想搞旅游开发，将已经历明、清、民三朝的上塘当铺和下塘当铺，辟作农纺馆和寿春堂（药铺），需处理当铺的一些"破烂"，轮到一只柜台时，村里大体知道是明朝的之物，属古董性质，为此请了兰溪市一位懂古玩的来评估，双方多次砍价，最后以一千七百元成交，这位兰溪人将当柜运出后，进行了些许修补，后来以二万八千元卖往上海，一下子赚了二万六千多元。据悉，此柜现仍在沪上，标价为十六万元，业内人士称，实值约为十万元，十多年间价值连升三级，涨了五十八倍。由于这样的缘故，所以有些搞古玩的就到诸葛村来开古玩店，既做常规生意，又想乘机"钓条大鱼"，如上塘 12 号的店主雷富春先生，本是个玩家，来开古玩店，既做生意，又看时机。又如一位不愿透露姓名的古玩家说，他为什么在这里做生意呢，因为诸葛村虽小，但这里的商会曾发行过一种硬币，时间约为清末民初，限本村流通。他在这里等待有那么一天，某某农人挖到它，并送来投售。

诸葛村的商业性古玩，主要分布在上塘商业圈、义泰巷前段及白酒店弄三处。上塘是诸葛村的十八口水塘之一，街面临水，风光宜人，游人至此，都要转它一圈。这里除开有三家茶室、五家小吃店外，有古玩店四家，另有六家工艺品店亦兼营古玩。这个商业圈经营的古玩，按质料分，有木、陶、铜、瓷、锡、玉石等多种；按物品分，有烟管、钱币、字画、铜锁、木雕件、瓷瓶、茶壶、镇邪物、古籍等等，可谓应有尽有。还有一些"伟人像"和"小人书"。在这个圈子中行走，既可鉴赏古玩，又是一种休闲。

一般说，诸葛村的大多古玩，品位并不高，但他们颇讲究营销方式，注意到顾客心理，将一些"古玩"故意藏匿在"深闺"，以吸引看货人买"宝"。2005 年 11 月 19 日下午，天下着小雨，绍兴工商局一位姓宋的先生，是个古玩爱好者，他随队旅游至诸葛村，见到有那么多的古玩店，不禁来了兴致，但仔细一看，几乎都不是收藏品，禁不住深深一叹，不料引得古玩店业主的注意，双方对话后，才知宋先生想要的古字画不是没有，而是藏在"深闺"，于是引领到一间小屋看物谈价，一幅非常陈旧的晚清时的山水画以数百元成交，对于宋先生来说，这是意外的收获。但它是不是真迹，谁也说不准。

义泰巷的古玩店仅二家，店面也属单间，品种基本和上塘商业区的古玩店的基本相同。好东西也是藏在"深闺"，有一次我和其中的一位店主闲聊，他说有一把花梨木椅子，清代中期的作品，因为我想拍照，特地从楼上搬下来。这里二家古玩店有一个特点：突出"小人书"，（老连环画）。原因是：巷内有天一堂，而天一堂常有来自全国的美术院校的学生，在此住宿和写生。由于专业的需要，他们总是在"小人书"堆里觅宝。我住在天一堂的那些天，都见到中国美术学院、南通纺织学院（广告专业）等校的学生，他们一出门总是蹲下去找"小人书"。

白酒店弄的二家古玩店，以经营铜、瓷器为特色。这里弄堂清幽，气氛沉静，平时很少行人，是存古玩和购古玩的好处去，且正对风景点大公堂和钟池，处于象征诸葛文化"福字照壁"的

后面，在导游的引领下，游客都要经过此地，地理位置显得优越。

在诸葛村还有一家"老报纸店",以出售"配生日报"为主项,你如果想找解放以后、出生日的老报纸,它那里基本齐全,这店和古玩也沾点边,据说是一位上海人所开。

小小的诸葛村为什么会多古玩?大致可作三种解释:

一是古玩有来源。诸葛村是诸葛亮后裔的最大聚居村落,自古以来,以经营中药材驰名,在大江南北开有二百多家药材店(行),货殖的余利大多回馈乡里,除购置良田、建造深宅大院外,也搞古玩鉴赏,因此自古以来就多古玩。

二是诸葛村一向重视传统文化,从来就有"耕读传家"的传承。传统文化和古玩有千丝万缕的联系,所以从事古玩的也多。

三是诸葛村处于杭州、金华、衢州的交汇之处,又是邻近各乡村来此购物、喝茶的集散地,商业比较发达,古玩就伴随而生。另则,诸葛村是旅游宝地,全年约有二十万左右的游客,其中不乏古玩爱好者。所以,小小的诸葛村尽管人口不过四千多,但古玩店却有十来家之多。

原载《公关信使报》

前童的流水

前童古镇属宁海县，以山清水秀、人才辈出、古建筑保存完好著称。

前童建镇已有八百多年历史。南宋初年，金兵入侵，社会动乱，北方的一些士大夫，纷纷南下，寻觅好住所。南宋绍定年间（约 1228），一位姓童的文化人从宁海城向南出行，他循着一条名为白溪行约 30 里，在一座名叫塔山下驻足，觉得这里山水交汇，风光很好，再从这旁边有寺庙来看，说明人气还可以，遂产生了举家迁此的念头，他就是前童村的始迁祖童潢。在当时，这庙叫惠民寺，庙周边人家不多，空地却不少，有庙就有和尚和香火。不知为何，邻近村民对庙里的和尚有极大的愤慨，大概要作砸庙之举。庙是和尚的生活起居所在，砸庙等于不让和尚生存。矛盾将导致和尚和村民发生一场械斗。

情况让童璜得知后，他深知，如打斗进行，死伤形成，怨恨愈深，对双方都有害。出于息事宁人的目的，他居中调停，要求惠民寺方面，作出让步，答应村民的要求。这究竟是一件"要求庙方交出坏人"的要求，或是某一方面要求寺庙让步，史书没有说。但童璜居间调解成功，却是有记载的。调解成功后，惠民寺方为了感谢童璜，将寺庙前的一片地块，让给童家作扩居之用。这样一来，童璜家就有了日后发展的空间。经过几代的繁衍，童璜家人口大增，成了村落。由于童家的位置在寺庙之前，所以就呼为"寺前童村"，简称前童村。

　　到了前童，给我的第一印象是前童的流水，它不但是一道亮丽的风景，也是前童人赖以生存和繁衍的法宝，更是前童人才辈出的一个重要原因。

　　由于生活的需要，在前童车站和镇区间，已发展起一条商业街。穿过商业街。进入镇区，我立马见到了密密麻麻的一条条小溪，那是白溪水的余流。它坦坦荡荡，时宽时窄，缓缓流淌，分外可爱。包裹着一幢幢房屋，和村里的每一条小路平行着。这是前童特有的风景，村民要洗涤，就可俯身就溪，村民要出屋，就得跨过这些小溪，于是家家户户门前都有一座土制的桥。据导引我游走的童铁策先生说，这样的桥共有 1400 座，其中约 200 座有桥栏，石栏上有雕花。一个村庄有一千多座桥，这在全国会是绝无仅有的吧！这小溪为什么形成？这还得从前童的生活条件说起。

　　前童的始祖童潢，从台州迁此的原因是爱此山水秀丽，是精神需求，可是，在离开仕途后的日常生活，更多的是物质生活。在未进行耕种前，很难知道脚下这块土地是不是一块好土地。经过亲自耕种，且经历过干旱天、雨涝期，才能知道土壤的实力。实践告诉童家子孙，这里土质坚硬，并不属于最好的土地，用现代话来说，这片土地的土质，属于沉积、冲积形成的山谷平原，土质稀松，聚水快去水也快，因此容易遭受干旱和雨涝之灾。要在这片土地上生活，就得引水进村，改造村的水环境。好在前童的地势西高东低，西边又近白溪，是接入前童的好水源。

到了明正德四年（1509），童氏家族的人口已经繁衍到一定的数量，领军人物童继乐，就率众在村西头的原杨柳洪坝筑起十里长堤，用以拦阻山洪，以解决前童村的雨涝之患，又开掘长达五里的沟渠，引白溪水入村，在村内形成八卦形状的水渠网络，一部分是环屋的水渠，使家家户户都有水可用。再一部分是环土地的水渠。又分段进入支渠，用来灌溉稼禾。由于水中含有多种物质，极有利于田地。这就是著名的"杨柳洪坝"水利工程。这工程实施后，不仅家家户户受益，而且块块田陇不愁灌溉。现在，我进村后第一时间所见的就是这个水系，妇女在溪中洗浣，鹅鸭在水上浮游，闲人在溪边散步，少年在溪沟里捉鱼虾、摸螺蛳等，优哉游哉，一幅幅乡村风光的华美图景。从此，前童成了流水的前童，前童有了流水的风景。

前童的水景，也仰赖水边众多古建筑的烘托。行走在前童的小溪边，低头可见条条流水，抬头见到的是水溪边的一幢幢古建筑，大多数为明清建筑，约有 200 幢之多。这些古建，黛瓦粉墙，四合院式，不大不小，具有浙东民居建筑的一些特征。高大粗壮的庭柱，独一无二的马虹梁，一般通行的马头墙及丰富多彩的门饰。砖雕、木雕、石雕亦丰富多彩，显示出五匠之乡的风采。

这些古建筑，大致可分为：宗祠、庙宇、书院等公共建筑及古民宅二大类。

公共建筑中以童氏宗祠为最高形式，始建于明洪武十八年（1358），相传为儒家大师方孝孺设计。祠堂门前旗杆矗立，气势宏伟，进门即为宽敞的天井，并有背靠的戏台。词堂正厅宽 13.5 米，进深 8.4 米，为"五鹤朝天"式建筑造型，陈设有供桌、香案、桌椅等，供祭祀大礼或作议会议事、节日时演戏之用。祠堂对于族人有神圣般的象征意义，是历代童氏族人耗费大量钱财建设起来的宗族存在的表征。它既是聚会厅，又是议事堂、礼堂，还是娱乐场所。在宗祠里，供奉历祖历宗的像赞牌位，童姓家族历次获得的荣誉，如匾额、圣旨等也属供奉之列，公共建筑中以书院为多，且各具特色。"职思其居"建于清嘉庆年间，由于马头墙上有"小桥流水"四字，所以又称"小桥流水居"。除门额"职思其居"外，门楣上有童氏先祖遗训十句四十字，"告往知来，一隅可发，未雨绸缪，拙义通达；量入为出，礼言周匝；勤俭成家，唐魏足法；山西坭间，今时气甲。"此建筑以前为童氏开设的书院。明经堂建于清朝同治年间，门额"明经"系浙江学政载奉钦所题，正厅挂有"敦伦凝道"匾，表明屋主人对于人丁兴旺的信奉。据居住于此的童衍方先生先生介绍，此匾至少有 180 年历史。还有一张雕花大床，也有 120 年历史。他说："我们祖上虽说是做黄酒生意，但对诗书仍十分爱好。"此外还有谨节堂、文昌阁、聚书楼、聿修楼、德邻书院、雁塔书院、鹿鸣山房等。这些书塾、书院，历史上曾给前童子弟以读书明理的智慧，在文化上始终处于较为先进的行列，所以，前童代代出人才，文化气氛强烈，到现在为止，这些文化遗址历经三四百年后大都尚在，成了前童村众多古建筑的一部分。

前童的古建筑，有些看似不起眼，但蕴含的内容却很丰富。在花轿街中，有一处小公宅，悬"急公好义"堂匾。童铁策先生向我介绍，清末民初，鸦片盛行，官方不禁。但其危害一目了然。前童人见此，自己出资出屋，办起了戒烟（毒）所。这在江南是开先河之举。县令闻讯，钦佩之余有感谢，题赠"急公好义"额一方。此举亦可见前童人好义之心。

前童约有二百幢民居，近半数为明清时所建，又有近四分之一建于民国时期。这些房屋，一般均为四合院式，以二进三进的为多。大多用卵石作地饰，形成狮子滚绣球、麒麟望月、太极双鱼等图案，反映出前童人的审美情趣。一般房子大多为木结构，楼上楼下两层，堂、房、厅、地、灶等齐全，大多有私家井。

所有这些，都是建立在前童流水的风景的边缘。

原载《周末》

到孙权"家"做客

　　富阳市的龙门古镇，坐落在龙门山下，系龙一、龙二、龙三、龙五、龙七、龙八、龙联七个村合成，面积 18 平方公里，人口 7000 余，90％以上为孙权后裔及其家属。

　　为什么叫龙门，有两种版本。一种是书面版本：东汉名士严子陵游览至此山，曾说过"此地山清水秀，胜似吕梁龙门"，故名龙门山。另一为民间版本，传说古时有一条龙，原住天钟山东台，一天，它沿江向上游来，辗转数度，来到龙门之地，见到怪石嶙峋（现龙门石和老鹰石），水流湍急，山势陡峭，水击石磬，于是这龙就在此定居，人们就将此山呼为龙门山。

　　龙门距富春江约四十里，这里群山叠嶂，峭岩壁立，绿荫重重，郁郁葱葱。主峰名杏梅尖，海拔 1067 米，秋高气爽时，可眺望钱江大桥雄姿。山又以"三叠飞瀑"著名。《富阳县志》云:"有泉自山顶悬流石崖,泻作瀑布,飞漱喷溅,非遇暑炎冬涸,殆不可近。山腹的上、中、下三潭,天然石泓,名曰龙潭。"

对于龙门山的美景、飞瀑,仁者见仁,智者见智,各有感受。1917年,郁达夫曾游龙门山,有《龙门山题壁》诗:"天外银河一道斜,四山飞瀑尽鸣蛙。明朝我欲扶桑去,可许矶边泛钓槎?"当代作家徐迟,在读了《龙门山题壁》后,决心去看一看。在1992年登上龙门山后,有感而发,作了下列描述⋯⋯"在富阳的碧绿群山之中。(我看到)有那么一群白马(瀑布),从悬崖上腾跃而下,令人惊喜不止。白马就是白龙,白龙就是白马,我从龙门山中看到的是一群群披挂着银色鳞甲的白马白龙,挺胸、昂首、振奋、扬眉,双睛闪着霜雪,周身雪光雪花,口吐白沫,摆动着白色腰肢,奋身下跃,太美了!我已完全满足了,觉得此行不虚。"

在未去龙门之前,一个问题始终盘桓在我的脑海中:孙权后裔是如何保持宗族繁衍和兴旺发达的?因为迄今为止,龙门仍是90%为孙姓,即孙权嫡裔。如果是嫡裔间通婚,当然不会改变孙姓的状态,但是近亲通婚不利后代⋯⋯

到了龙门,入乡随俗,我当然先听导游说,一个年轻女郎给我讲解宗祠、厅堂,古街、山水,领我走看了工部、旧厅、义门、慎修堂、同兴塔、山乐堂等明清古建筑。她那连珠炮式的讲解,我一下子实在消化不了,听得多,忘得也多。倒是来到办公室后,孙文喜先生的一次访谈颇有些启发。

孙文喜是孙权五十六世裔孙。对于千百年来龙门的发展概况和通婚情况,他能说个大概。他说,族里有规定,同村不通婚,也即同姓不婚。这一条的基础倒符合远血缘有利产生健康后代的优生法则,因为在民间,对于同姓,向有"五百年前是一家"的说法。那么，龙门的通婚的对象在哪里？孙文喜继续说，主要是邻近的胡岭、场口、瑶坞、环山等村，大多情况是姓孙的女儿，往这些村落嫁，这些村落的女儿嫁到龙门，成为孙权家族的媳妇。在龙门，以前有一句顺口溜："有囡嫁往龙门村，五荒六月看龙灯。"说明龙门在临近村人的心目中是个好地方。

我对"同姓不通婚"这一现象，并没有因为孙文喜先生非常肯定而停止。我探问："这一条是族里规定的，那么族谱里记载了吗？"对于我的问题，孙先生不能完全肯定。于是我就去查族谱。下午，我来到了保管宗谱的老年人协会，在78册《孙氏家谱》的"禁议条"下，载的大多是关于坟地界限的权或责。从而证实，同姓不通婚，只是孙氏家族的口头传递。

不过，这一口头禁条也终于有突破。当我问及同姓不婚这一问题的现状时，孙文喜先生说，到了民国初年，孙中山先生领导的辛亥革命提出了"驱除鞑虏，恢复中华"的口号，号召推翻清朝，建立民国。在革命潮势的推动下，一股新风吹来，同姓不通婚受到质疑，正好呼应了青年男女的心理要求。至20世纪20年代，这一族规悄悄被突破了。据说，先是本村的一对男女，已有恋爱心，听说现在讲究民主、文明、自由，婚姻以自己的意愿为第一，就表示要通婚，由于潮流所趋，族里不好坚决反对，但为了宗族的权威性，就要他们离开本村，而实际是：离开本村只是去办结婚仪式，结婚后，这对新人又悄悄回到龙门村。这样的例子还有一些。我的采访对象也属其中之一，他的妻子也是本村人，姓孙，论辈分，还得叫她姑姑呢。

龙门除山水溪瀑等自然景观外，明清古建筑亦颇有看头。历史上龙门曾有六十多座明清厅堂建筑，现尚存四十三座。这些古建筑，按朝代分，有明代、清朝、民国三个时期。明代建筑有：

粉署流香（工部）、旧厅、咸正堂、积善堂、乐善堂、耕读堂、厚祉堂、明哲堂、世得堂和义门等。以工部来说，那是一座牌楼式明代建筑。记载着明朝永乐年间工部郎中孙坤爱民如子的勋绩。他曾督造大型船只八十多艘，按照限期完成，尽管赶工期十分辛苦，但劳工无一劳毙。据说，这批船只是为郑和下南洋用的。

清代建筑有：慎修堂、素怀堂、迎山堂、诚德堂、冬官厅、余荫堂、同兴塔及思源堂、余庆堂两座宗祠。其中的慎修堂，又名百狮厅，面阔三间，前有砖砌门楼，额题"积善余庆"，为清乾隆年间书法家梁同书所书，清中期建筑。每根前檐柱的牛腿都雕成狮子，有雄狮、母狮、子狮。前厅月梁上，也雕有狮子，动态各异，栩栩如生，别具一格。

民国时期的建筑有：山乐堂、丰受堂、迎曦堂、孙氏宗祠等等。除孙氏大宗祠为孙权后裔祭祀之地外，又以山乐堂的建筑格局比较古朴严谨。前为门厅，后为正厅，中间有天井，两侧为厢房，门厅后檐和厢房的前檐，均施以莲柱，雕成花状，前檐的檐枋，亦施以莲柱，梁架构件，技法精致，风格独到。简言之，这些古建筑，按形式分，大致有：厅堂、牌楼、平屋、砖塔等。按结构分，大致有：井字型和回字型两类。按性质分，大致有：旌表类、居住类等。按材质分，又有木材和石质等方面的不同。而按形态分这些建筑，大体可分为"井"字形和"回"字形二种。不论是"井"字形建筑或"回"字形建筑，厅堂四周，都环以本房成员的住宅，再筑以保护式高墙，形成封闭式的院落结构。龙门还有全国民俗文化村的称号，除了有舞龙舞狮、魁星、竹马三国戏等外，又以公益性宗族祭田、会田等为显著特色。

一般说，民俗文化的传递有二种形式，一为家庭形式传递，另一为族内传递。家内传递，经济血缘的一体化，阔的家庭，搞得好一些，穷的家庭，将就着也要祭祖，过年……，经费当无问题，那么，族内民俗文化的传递，它的钱从哪里来？在今天，有村委会，在过去呢？于是，我有了寻访古祭田遗址的"节目"。

在旧时代，每个血缘聚落都有祭田、会田、学田等设置，即这些田为宗族的公产，收成用于宗族内祭祀、庙会、义塾修缮、塾师束脩、学童开支等。龙门孙氏的不同在于，祭田比重特别大，据孙文轩在《多彩的民俗文化》中称，约占全部土地的百分之七十。其中部分是宗族的祭祀田，部分是自愿结合的会社（田）。这些田的来源，最原始时为族人的捐献，由族人轮流耕种，收入归宗族，均用于宗族的各项活动。自古至今，年年不断，这就带来了一些直接的结果。一是族内经费充盈，作祭祀先祖等活动，不愁经费无着。二是常有余钱，可用于诸如赈济等其他活动。三是由于祭田的公益性，使村民对宗族的归认感更形强烈，有利于宗族的凝聚力。

我第二次去龙门时，在孙氏协会会长（族长）孙永培那里，看到一份材料：至解放前，寺田、学田、庙祭田，占龙门全部土地 3600 亩的 17%，这个数据比 70% 要低得多，想必是随着时代的前进，比例已发生改变之故，但即使这个比例，和其他村比起来，还是大很多。

据告，龙门的祭田制度直到土改才"分崩离析"，但改革开放后，又渐渐地"文化复苏"，现在，龙门仍有宗祠、宗谱、族长，也有族人的捐献。前些年，龙一村的王养萍，儿子考上大学后，受到孙氏族人的资助，得以顺利上完大学。

龙门古街，也是穿镇而过的一道风景。街长约 1000 米，横贯龙一、龙二、龙三、龙五、龙七、龙联六个村。狭狭的以鹅卵石铺成，两侧大都为落地式排门。开着食品、百货、缝纫、医药等店面，为村民的衣、食、住、行提供便利。街连着全村的一幢幢民居，民居与民居又大都以廊檐相连，弯弯曲曲，给人似入迷宫的感觉，穿行迷宫，有下雨天不湿鞋之誉，走在这古街上，除了几盏红灯笼属于"旅游点缀"外，充分显示古朴的气氛和乡村的原色。据宗谱载，这条街自明代起就已形成，诸如街面的卵石，即为最初所铺设。街两侧的房屋大多建于明清时期，均有三四百年历史。街心有一桥，名龙门桥，桥下是龙门溪，沿溪而上，可抵达风景秀丽的龙门山。

原载《今日浙江》

八、品读余谈

周总理受聘

　　读中学的那几年，个个同学都知道周恩来总理是我们学校的校董事会名誉董事长，内心的一丝自豪，略略冲淡些读私立学校的自卑感。不过，这只是心里想想。对于这一"光环"，会上没有讲过，广播未曾播过，黑板报上没有登过，在校里只是悄悄流传。倒不是信息不真实，而是事情太特殊，因为大家都知道：如果传播这一"光环"，虽能增加些自豪感，但是否有违学校设立人会主任邵力子先生特意聘请周恩来总理担任校董事会名誉董事长的初衷？再或客观上贬低了我们心目中的伟人、国家总理的形象？因为解放初年，我们学校聘请周总理担任名誉董事长，是由于当时的"箔业愿捐"突然停止，学校面临断炊停学的危机，是求生存，而不是求"光环"。

　　我的中学母校名稽山中学，创办于1932年。此前，绍兴地区只有初中以下的新式学校。要读高中，得去杭州或上海，很是不便。一些乡贤集议后决定创办一所完全中学，由邵力子先生任设立人会主任，每个设立人各出一千银元，作为开办经费，另再分头落实校舍和常年办学经费——箔业愿捐。直至同年的 9 月 9 日，学校在府学宫旧址开学。

到 20 世纪 50 年代初，绍兴的箔业迅速下滑，"愿捐"难愿。稽山中学立即陷入无经济来源之虞。首先着急的是校长邵鸿书和校董事会董事长朱仲华。怎么办？若停办有违设立人的初衷，亦对不起全校的师生，向社会的其他行业捐助也属难能，因为其时刚解放，百业正待兴。唯一的办法是：请政府支持。于是，邵鸿书校长和朱仲华校董事长，分别向在京的邵力子先生和在杭州的校董事马寅初、竺可桢、何燮侯等问计。

在杭州法院路三十四号，马寅初、竺可祯、何燮侯、朱仲华等四位校董事商议后，一致决定聘请周恩来总理为稽山中学的校董事会名誉董事长。聘书由校长邵鸿书专程送达北京，请邵力子先生转交。

在北京，邵力子先生向周恩来总理报告了稽山中学现下的处境及诉求。周总理对稽山中学并不陌生，1939 年底，他往绍兴省亲时，曾去过那里，向爱国学生作过抗日救亡的宣传，还根据稽中的校训"卧薪尝胆"匾额，题写了"生聚教训，二十年犹未为晚""冲过钱塘江，收复杭嘉湖"等词句，以激励爱国学生。

总理指示：这种有历史性的学校，一定要支持，"可仍由箔业愿捐解决"。对于校董事会董事长一事，周总理表示愉快地接受，并和邵力子先生约定：正式受聘时，接见邵鸿书校长。可惜的是时机不巧，适值周总理要去莫斯科开会，接见一事未能如愿，聘书由邵力子先生转交。

此后不久，政务院副总理陈云根据周总理的批示，行文华东

218

军政委员会财经处。当时，校董事马寅初正任华东军政委员会副主任，再行文绍兴税务机关代征及银行代收。绍兴专员公署文教科得悉此情后，又拨发补助粮四十石（每石一百五十市斤），从而保证了稽山中学的办学条件。

1956年春的一天，我送全班的作文本去语文教研室，蒋屏风先生轻声对我说："徐庆祥，我们学校快要改公立了。"这本是一件大好事，可蒋先生的神色似乎有点忧郁。对此我有点纳闷。蒋先生又说："改公立后，校舍、经费和设施，都将有所改善，不过，名义上的校董事会也将不存……"突然，我明白了蒋先生的心思。是啊，我们将同时失去和周总理在名分上的一点联系，心里总有些不舍，这种感觉至我们暑期毕业时更然。

四十二年过去了，我始终没有忘却那段经历，并时不时衍生出一丝丝感慨。是啊！一个国家总理愉快地接受一所私立学校名誉董事长之聘，在我国并不多见。是周恩来总理特别钟情稽山中学吗？是重于邵力子先生的情面吗？当年我认为两者必居其一，或两者兼而有之。时至今日，正逢周总理百年诞辰，在看了有关周总理的一些电视片、传记书后，我深深地为周总理的人格力量所震撼。我觉得受聘一事，更应看作是周总理重视教育、扶持教育、利国利民的宏愿，所以才会有恩泽我的母校之举。再想想，如果没有总理当年的恩泽，今日的稽山中学早已不存，之后的千百万学生，不可能在那里就学，我也不可能于1956年在那里高中毕业。

我要说一声：太谢谢您了，周总理。

原载《人民代表报》1998年12月，略有删节

杭州话的儿化韵

杭州话的儿化韵主要来自南宋北方仕族及清朝旗人的影响。

曾经听到一则笑话：一个绍兴师爷和一个宁波商人在杭州城邂逅，侃起杭州话有些什么特点。绍兴师爷说是：清脆响亮，悦耳动听，有点儿像女高音。而宁波商人补充说：还多个"儿""子"，接着噼噼啪啪地说出：帽儿、盖儿、柄儿、篮儿、杯儿、瓶儿、筷儿、凳儿；正月掷骰子、二月放鹞子、三月清明吃团子……

这是笑话吗？既是又不是，因为确有许多杭州话带个"儿"字，即学人们所说的"儿化韵"。例如杭州人呼绳索为索儿，称盛物的用具为桶儿，对于黄豆、赤豆、绿豆、毛豆等等统呼为豆儿，将搬弄是非称为挑嘴儿，占用剩余之物称为"打落头儿"，给人以不善妥之词呼为"吃钝白儿"，等等，推而延之，还可举出放鹞儿、刨黄瓜儿、撮巧钟儿，等等。杭州确有许多话是"儿化"了的。

就语音来说，杭州市属吴方言区。考察一下周边的一些城市，较邻近的萧山、绍兴，萧山话梗，绍兴话沉，稍远点如苏州、上海，苏州话嗲，上海话清，虽同属吴方言区，但都没有儿化韵的。为什么独独杭州话有这个特点呢？这应是和两次北方人口大量南迁杭州有关。

第一次是南宋建都杭州。公元 1138 年，即南宋绍兴八年，南宋定都临安（今杭州）。带来了大量北方人口，杭州的人口剧增。由未迁入前的三万户（人口数缺）一下子骤增至五十万户。人口数也猛增。增加的基本都是北方人，他们带来了北地的语言，在和杭州的本土语音交融中，相互渗透，进行融和吸收，促成了杭州话的变化和儿化韵的发生。例如"耍"是北方语音词，融和到杭州本土语音中后，就出现"耍子儿"这个词。又譬如"刨黄瓜儿"这个词，原义是"剥黄褂儿"。因为大量北方汉官身着黄马褂，简称为马褂儿或黄挂儿。本土杭州人欺生，就出现刨黄挂儿这个词，后又谐音成"刨黄瓜儿"。

第二次是清廷入关后，在杭州的城中心建立了一个旗下营（今湖滨地区）。据《杭州八旗驻防营志略》载，旗下营的兵丁多时达五千多人，加上眷属之类，大约会有二万人之数吧。这些人居于城的中心之地，处于最佳地段，且在和平时期，根据旗人的规矩，男丁一般不得经商，要么从军吃皇粮，要么做官为朝廷。由于不工不农，不贾不教的生活，终日无所事事，只好靠坐茶店、泡澡堂、上戏院，玩一些跑马儿、斗雀儿（读巧）、碰杯儿之事。由于和本土杭州人长期交融，北音中带"儿"的一些语音，不知不觉影响并加深杭州话的儿化韵。例如杭州话中的头儿脑儿、顶儿尖儿、鼓楼上的麻雀儿、官巷口的猜谜儿，西湖边上跑马儿等等，均是受北人语音的影响而产生。因为旗人斗雀儿是常事。

北人影响杭州方言的特点之一是儿化韵，在清朝覆灭后。本土杭州人也有用儿化韵回敬他们的。如民国初年，由于大量旗人流落街头，本土杭州人称他们为北佬儿，对于其中个子较长者呼为长条儿，叫无父无母流浪街头的旗人孩子为野伢儿等等。

本土杭州话受外来语音的影响，特别是北方语音的影响，的确改变了原有杭州方言的钝浊性，使之具有较为通用、较为清脆、较为响亮的一些特点。笔者约略估计，以杭州近郊的杭州方言为例，约为40分贝，而市中心的杭州话至少高出5分贝。

然而随着环境的变迁，北音对杭州话的影响悄悄减退，近些年来，从全国的四面八方涌进来大量的外来人口，他们带来了各自的方言，又分别以不同的方式，渗透或亲和着杭州话，影响着本土杭州话的发展轨迹（不计入推广普通话的因素），会出现怎么样的变化轨迹还很难说。但有一点明确：儿化韵在日益减退，诸如跑马儿、长条儿、北佬儿等已经很少听到了。再比喻说，杭州人对颜色、味觉、形状不同的柿子，分别叫作火柿儿、炝柿儿和方柿儿等等。

原载《方言》

广而告之的艺术

　　1934 年，著名实业家陈蝶仙之子陈小蝶，要在杭州开一家高档次的旅游饭店。取店名为"蝶来"。在当年，取店名还是传统式的为多。从其父陈蝶仙及陈小蝶本人均有"蝶"字来看，许多人均认为：这个"蝶来"，店名新颖，当然是陈小蝶来杭州创业的意思。

　　不过，不久在茶馆有一种传言。"蝶来"并非陈小蝶来开店之意，是另有意思。经过好事者追问，传言者说。"等着瞧罢，到开业那一天，就会有答案出来"。

　　"蝶来饭店"选址在杭州西湖西泠桥畔，和新新饭店比邻而立。一个是传统酒店业的老大，一个要成为杭州新式酒店的先锋。加上陈蝶仙和陈小蝶都是知名人士。为此，"蝶来"开业那一天有许多人都到西泠桥畔看热闹。

　　开业典礼华丽且隆重，那一天，西泠桥畔挤满了看热闹的杭州人，据说还有专程从外地赶来的。在热烈欢庆的场面中，首先由业主陈小蝶出场主持。接着宣布请两位著名影星剪彩，并商请大家鼓掌欢迎。

那么两位著名影星是谁呢？一出场大家才恍然：原来是大名鼎鼎的电影皇后胡蝶和著名影星徐来。于是，场上爆发了一阵又一阵的掌声。当掌声稍停后，陈小蝶才说：这是我们取店名为"蝶来"的原因。

这则轶事发生后，街头巷尾、茶坊酒肆纷纷传扬，一方面传说这则店名取得独特，另方面因为电影皇后胡蝶和著名影星徐来的到来，引起人们的热烈称赞，起到了很强大的广告效应，是广告艺术的一种高境界。

广而告知的艺术，还反映在电话号码容易记忆等方面。在 20 世纪 20 年代，上海有几家出租汽车公司成立。电话刚开始出现时，其中有一家祥生公司的老板，当年租车，大多通过电话。电话号码好记并好听，对业务有较大的助力。祥生公司神通广大，搞到了一个"40000"的电话号码，自我标榜"我们的客户就是四万万同胞"（当年中国的人口总数），容易记而且利于传播。另一家由外商经营的云飞汽车出租公司亦不甘心示弱，根据客户的心理需求，在报纸登出广告，悬赏三百元，为云飞公司起一个好的叫车号码。在众多的应征号码中，有个"30189"的号码得到奖金。什么意思呢？

原来，根据外国老板的调查，叫出租汽车的大多为酒席后送客的需要。而当年酒席间通行酒令。在敬酒、罚酒中欢庆喜乐。"30189"就是"三拳一杯酒"（0 代表酒令的拳头）。很符合酒席间的气氛。这则电话号码也受到欢迎。

做广告要讲究艺术，更要迎合顾客的心理需求和接受程度。

20 世纪 70 年代初，当时还处于文化大革命中后期，扑克牌刚开始生产，定点在文华印刷厂印刷，商标取名为花牌。不过，拿到这种扑克后，却发现花牌后面有 "888" 三个数目字。这是为什么呢？细一了解，原来当时的背景是：扑克牌主要供出口。而出口讲究市场化，往香港或东南亚出口，那里的华人很讲究口彩，"888" 三个字，谐音为 "发发发"，购或玩这种扑克，有口彩的好处。

在今天商业性广告已经十分普遍，不过，讲究广告艺术，还是值得研究的，因为广告毕竟是为了传播，传播得迅速及范围广大，当然是好事。

原载《浙江商报》

俞曲园的关门弟子

　　俞曲园寓居西湖俞楼，山水风月，讲学授徒，很悠然自得，全国各省均有门生，唯有一事似觉得不足：独缺蒙古一籍。一天，他和门生王梦徵谈及此事。王梦徵（名廷鼎）说："学生有弟子'三六桥'在，不知可否以小弟子之礼来见？"俞曲园点头表示允诺。

　　次日上午，从涌金门旗营埠头驶出一条瓜皮小船，船篷前头，王梦徵和手执团扇的"三六桥"当风而立，向目的地划去，当小船驶至行宫（今中山公园）并靠了岸后，两人即徒步走向俞楼拜谒。当"三六桥"叫了声"老师"后，即按通例呈上一份礼物。俞曲园见到小弟子气宇轩昂，一表人才，很是高兴。但是用什么作回答的礼物呢？时届八月上旬，他见"三六桥"手中的一把团扇上有画没字，即索过来，并题一首七绝于扇上。诗是这样的：

里外西湖二六桥，相传一十二座桥。

诗人别有六桥在，三君居然十八桥。

此诗一出，这位"三六桥"名声大盛，一来俞曲园是不收无能之辈的，二来俞曲园许之为诗人，肯定有真功夫，三来俞曲园将"三多"之名，和苏东坡、杨孟瑛的苏堤、杨堤并列，使他的名声增色不少。

"三六桥"名三多，为前清驻杭州旗下营协领菌溪连之子，蒙古人，世袭轻车都尉，合称三六桥。他居陈伯衡之屋（现上城区泗水坊桥），据《新浙江日报》1927年3月27日文载，三多后官至杭州太守，再后放归化都统，现尚在大连充电信副办，年龄近古稀矣。曾写过《柳营百咏》等诗集。

原载《钱江晚报》

闲话蟋蟀

蟋蟀，亦称促织、趋织、蛬等，杭州人一般叫作蛐蛐儿，而业内人士大都称之为"虫"。

由于雄性蟋蟀有好斗的习性，为此不少城里人常用来作观赏娱乐，乃至用作赌钱的工具。且不乏警世之例。

南宋时，有个名叫贾似道的人，出身不那么高贵，也许有点儿能力吧，依靠钻营拍马，后来竟混至当朝丞相的高位，由于他爱好斗蟋蟀，并且积有相当的经验，为此，他著有一部《促织经》的书，虽是宝贵的文献资料，但和他的相位极不相称，也是他祸国殃民的罪证，为此，他被人们讽喻为"蟋蟀丞相"。他还利用权势，在西湖上修筑"半闲堂"，造"车船"在西湖上游玩享乐，是南宋灭亡的大罪臣。

明朝正德年间，皇帝是个玩物丧志的昏君，曾下令全国各地进贡好的蟋蟀，供宫内邀斗助兴。造成民间的困苦和不安。后来的文化人蒲松龄，有感而发，写成《促织》一文，对此大事鞭挞，还将它收入《聊斋志异》一书，于是，这位"蟋蟀皇帝"成了千古绝骂。

蟋蟀的好品种，和地理位置、风物水土等有关。一般说，北方天气比较高爽且多风沙，那里的好蟋蟀皮厚且牙坚，斗起来勇猛坚决，乃至不怕牺牲。南方的蟋蟀，因为地理条件多湖泊、气候相对温和湿润，那里的好蟋蟀，个大牙利腿长，斗起来剽悍异常。众多行家认为：山东的地理条件适中，那里的蟋蟀兼有南北虫的优点，尤其是宁阳地区和宁津地区的蟋蟀，被业内人士奉为正宗。

由于蟋蟀界看好山东蟋蟀，为此每届秋日来临的蟋蟀旺季，大批的蟋蟀贩子，带上花花绿绿的票子，到宁阳、宁津等地收购蟋蟀，然后，贩运到上海、广州、香港乃至海外去卖大价钱。一般在宁阳乡间块把钱一只的蟋蟀，贩运到外地，就能卖到二三十元。而好的蟋蟀，更是成百上千，极品蟋蟀有上万元的，故而业内有"一只蟋蟀换头牛"的说法。

前些天，笔者去杭州"花鸟市场"走了走，那里约有二十多个蟋蟀摊位，一律标出"山东大虫"的旗号，可见山东蟋蟀受人信赖的程度。不过，就好蟋蟀而言，全国各地也都有一些。1998年时，上海蟋蟀界推出"二十名虫大点兵"的活动，其中的一头蟋蟀命名为"熏青黑"，就是在杭州的三堡（村）被捉到的。可见各地也出产好蟋蟀。

宠爱蟋蟀无非讲究一个"斗"字。而斗离不开调养和状态。调养得好，斗起来精神就好，也即状态好，在牙坚、体力、灵活、意志等方面基本相当的情况下，就可能取得胜利。所以，行业内有"养一斗三"的说法。调养分早秋、中秋、晚秋三个时间段。早秋宜给予清凉环境，中秋以盛旧盆、多活动为宜，晚秋在盆底应垫些草纸。食物可用米饭、"进补"可用虾肉，千万不能断水。

小小蟋蟀除了供人寄寓闲情外，它的虫体还是治病的一种药。据《本草纲目》载，干燥虫体可入药，性温、味咸、有毒，功能利尿，主治水肿、小便不畅等症。蟋蟀还是一部分人的生活依靠，上海、广州等地，每年有不少人靠贩运蟋蟀为生，山东的德州、宁津等地，农民捕捉蟋蟀，为了发展经济、改善生活。另外，在古代，有不少诗人，以蟋蟀为题材，写作诗句，唐代大诗人白居易，就有"西窗独暗坐，满耳新蛩声"的诗句。

原载《公关信使报》

诗配画轶事

　　一幅好的国画题上烘托气氛的诗句，并配有神采飞扬的书艺，就会更受人钟爱，为此，中国画有诗、书、画结合的特点。

　　明代江南才子唐寅（字伯虎，一字子畏），以风流倜傥，诗、书、画三绝而著称。唐寅为什么会以"风流才子"著称呢？恐怕和他写过许多仕女诗有关。他在《题自画红拂妓卷》，用洒脱之笔，写下这样几句诗："杨家红拂识英雄，着帽宵奔李卫公。莫道英雄今没有，谁人看在眼睛中。"将红拂女一心爱慕落魄的李靖，竟冒着杀头的危险，女扮男装，对冒险去投奔意中人的故事作了描绘。此书此画，有画龙点睛般的作用。而在《题半身美人》这首"七绝"中，浸润出来的是：诗有风情而不浸淫，书艺洒脱而极耐看。加上那幅画绢秀俊丽，就更有利于"风流才子"形象的传播了。诗是这样的："天姿袅娜十分娇，可惜风流半节腰。却恨画工无见识，动人情处不曾描。"

清代有诗、书、画三绝声誉的郑板桥，在从政期间以关心百姓疾苦，体恤民心而知名。乾隆十一年，他因政绩突出调潍县任县令。因当年闹饥荒，穷苦百姓不但缺衣少食，而且出现"人相食"的惨状。郑板桥不仅果断的开仓赈贷，对今后有能力偿还者，"令具结借给"，对赤贫者则实施无偿赈济，再一方面，对富豪之家，"尽封积粟，责其平粜"，将成千上万的饥民从死亡线上拉了回来。他的工作得到上司——山东巡抚的支持，所以，郑板桥画了一幅《墨竹》送给他，并题上一首诗："衙斋卧听萧萧竹，疑是民间疾苦声。些小吾曹州县吏，一枝一叶总关情。"抒发了对民间疾苦的感叹之情。

20 世纪 30 年代初，言情小说大家张恨水新作频频，很受普通百姓的钟爱。也让爱国将领张学良及其夫人赵小姐的关注。出于爱才敬才，张学良拟邀请张恨水先生入幕担任秘书，修书一封，着副官去张宅请。张恨水接函后感到十分为难。一则他的小说创作势头正旺，社会需求十分迫切，二则，军事政务他并不精通。衡之再三，修书一封，直陈原委，婉言谢绝。这事本该就此打住。不料赵四小姐看了张恨水先生的信后，非常喜欢张先生清丽的书艺，于是要副官再去一次，带去一柄画有燕子、花木的折扇，请恨水先生写几个字。张恨水面对扇面，边磨墨边想，终于思定，一会儿在扇面出现了这样一首诗："少帅隆情嘱出山，书生抱愧心难安。堂前燕子呢喃语，赖逐春风度玉关。"用清洒的书艺和诗句，将原画及"请出山"等紧紧结合在一起，完成了谢却入幕的意思。

诗、书、画相结合，确是中国传统文化的一大特色。

原载《公关信使报》

最后一份两元报

　　《南方周末》终于调价了：从两元一份涨到三元一份。当我买了最后一份两元报，又买到一份最早的三元钱《南方周末》后，心态很平静，只是稍许有些心理感应：这既是一件好事，也是一件"坏事"，更是一件不得不做的无奈之事！

　　说调价是好事，是从报社和读者两方面考量的。

　　据我从报社作出调高一元的决定的猜测。在较长一段时间，由于物价的提升，及采访成本的大量投入，《南方周末》可能已有过一段不短的亏损运行的日子。但是为了大局、也是因为形势所迫，他们咬咬牙，坚持着不调价，让读者稳定地读着一恍已经五年的两元报。不过，一家负着一个包袱运作的报社，就像一个久久踮着脚，支撑着高难度的人，总会有难以支持的时候，所以，《南方周末》终于要求和开始调价了。他们既须得到有关部门的批准，也要得到读者朋友的支持——这还只是调价的原因之一。

说《南方周末》的调价是好事的依据是：报社通过调价，可以不再亏本运行，乃至可能有些微利，以弥补以前的亏损和偿还以前亏欠的债务，使办报不致因经济拮据，而对采访范围、和行程有所约束，对报道选题的研究等，可以一如既往的投入，乃至可能有更大的投入，让读者看到更有价值的报道等。我相信报社是经过反复且郑重研究才作出如此决策的。

从读者层面看《南方周末》的调价，我觉得也有好的一面。粗略一想，似乎有以下几点：一是涨价不减篇幅，能保证报纸质量。我曾经留意过近段时间来，"通胀"（指通货膨胀）压力下的纸媒体，他们都在盘算如何应对。有些办得较好的，会坚持不涨价但少上交一点儿利润，以示对读者及对自己负责，更符合当前的大形势，而有的办得有些"吃力"的报纸，大多在节约开支、减少上交利润、再或减少员工成本方面费功夫，如紧缩版面、砍掉一些文化文艺类的版面，他们大多采取不涨价的办法。对于前一种情况，固然可喜，对于后一种情况，顺应当前形势，也无可厚非。那么，如果《南方周末》也采取这种简单化的办法好不好呢？我认为这不明智，还不如涨一元钱好呢。说调价是一桩坏事，倒不是每位读者每个星期要多出一元钱，而是经济上的连锁反应和文化上的不平衡影响。因为，人家会怎么认为：你《南方周末》可以涨价，难道我不可以涨价？你可以涨 50%，难道我不可以升 30%？假若如此一来，经济上的涨价风就会在纸媒体上出现连锁反应。从而涉及其他领域——在文化意义上，他又是什么呢？是"通胀"的形象展现，是……

说涨价是一件不得已而为之的无奈之事，这只是一个关心《南方周末》的读者的猜测而已。在我的印象中，由于《南方周末》

视界开阔，采写幅度大，有时不仅仅是全国范围，乃至是跨国境的，所以，采访成本显然要高许多。

　　说涨价是一件不得已而为之的无奈之事。在方今"通胀"压力丝毫未减轻的情况下，物价上涨蠢蠢欲动。作为报纸，应对的办法有多种选择：一是直接提价；二是不提价，少上交一点儿利润；三是削减一些版面；四是寻求其他生财之道，以弥补亏损。以本人所在的城市来看，有两张办得较好的都市类四开小报。有一份采取的是少一点儿上交利润，另一份则采取从64个版面减少到56个版面。而《南方周末》却采取了涨价的办法！

　　最后，我表述我对调价的态度：我理解《南方周末》的涨价，我亦不反对《南方周末》的涨价，因为那是要保证报纸质量的必须。最后，但愿《南方周末》多提供一些新资讯，让读者有一点儿看报的劲头。

称呼的尴尬

　　偶而打"寻呼"找人，接话者大致是位姑娘，几句通话之后，双方都似听出了什么。

　　有几次是这样：对方（接线生）刚问过我"先生贵姓"后，突然改口问我"小姐贵姓"？于是，在我答过"敝姓徐"后，不免有些尴尬。

　　在我的印象中，"先生"带有尊意，可通称男性或女性，而小姐却是青年女子的专用词，也含有尊重之意。我一个堂堂汉子，生活中又绝无阴柔之气，竟然被人称为"小姐"，心中着实有点儿不是滋味。

　　尴尬归尴尬，静下心来想想，对方恐怕呼错，才改口称我为"小姐"，本意是尊重人，怪不得别人。从我自身条件来说，道地的杭州人，有杭州话清冽且响亮的特点和天生的清脆、高频率外加高分贝的特有音质，是一种容易被误解为"女音"的天然条件。

从这里我联想到社会上的另一类称呼的尴尬。

称呼有：尊称、平称、谦称以及恶称、谑呼之别。在不同处境，不同方位，有不同用法。这是常识，没必要多说。然而打开广播的某某热线，问"先生尊姓？"回答的大多是"姓张"、姓"李"，连个南方人常用的"免贵，姓张"或"免贵，姓李"都没有，更不用说使用传统文化中的谦称"敝人姓张""在下姓李"等等了。更有的是这样：主持人问反馈住处应找谁时，回答的竟然是："找周先生""找施小姐"之类。不知是否不知道"对人应尊""对己应谦"的道理？翻开报纸，也能见到类似的笑话，一则广告中的联系人，公布的不是姓名全称，而是"某先生""某小姐"，难道先生、小姐是谦称？是平称？当然，出于保密之类的原因，不宜公开他们的姓名也是有的，但是否可用"老""小"或同志等来代替？这是介绍自己单位呀！

再由此而联想到目前社会上有些公关机构、公关性报刊、公关课程，但却对称呼这第一道"公关"漠然视之，任它糊弄到"尊、卑不分"，"谦、平乱用"的地步。我之所以这样说，也许是寡闻陋见，但至少我是常常翻翻公关报刊的。

原载《公关信使报》

纤巧天竺筷

这是一碟瓜子

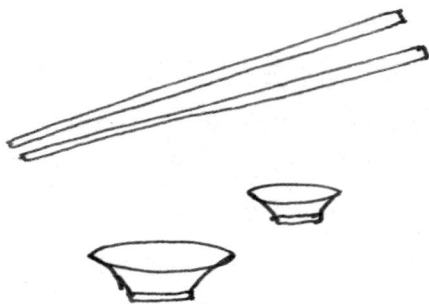

佳节倍思亲，持酒邀乡情。

纤巧西湖箸，寄我寸草心。

　　这是一位侨胞在中秋佳节托物寄情、怀念故乡杭州所作的几句诗。这里所说的西湖箸就是著名的杭州西湖天竺筷。

　　西湖天竺筷创始于清光绪十三年。据说当时由于兵祸和饥荒，天竺一带来了一群以乞讨为生的逃荒人。他们向到灵隐、天竺"朝山进香"的香客讨得饭后，但因为没有筷子，就随手在路边折取山间的小竹枝代替。当地有个姓刘的茶农，心地善良，心慧手巧，他从"折枝成筷"中得到启发，加上同情这些人的遭遇。就挑选比较好的小竹枝做成筷子，在过路口兜售，并宣称它生在佛地，吸有福水，用它吃饭，能够消灾灭祸，造福迎祥，很快就以好价钱卖出，并用这些钱周济穷人。后来，这些穷苦人也纷纷模仿，做筷子出售，逐渐有了天竺筷的生产，由于发源在天竺，故名天

238

竺筷。

早期的天竺筷，利用每年的三九月香市，在灵隐、天竺、岳庙、昭庆寺及市区的城隍山一带，向香客和游人出售。因为沾上佛地、菩萨的光，生意很不错，所以逐渐出了名。因当时杭州的闹市在鼓楼，因此，天竺筷的作坊均在大井巷和十五奎巷一带，多时达到四五十家。故有"天竺出个名，大井巷做煞人"的说法。后来天竺筷又为杭州的许多名菜馆所采用，天竺筷的名声更加传播了。

新中国成立后，党和政府为了集中手工艺人的智慧和能力于1956年起，将分散的制筷作坊组织成五家竺筷社。1958年，又合并建厂，1963年，开始成批量出品，销往南洋群岛等地。

经过一百多年的发展和改进，现今的西湖天竺筷具有轻巧、美观、古朴、物美、价廉等优点。既有实用价值，又有欣赏性、纪念性，是较受欢迎的旅游工艺品之一。纤巧天竺筷，凝聚着竺筷艺人的心血。

首先是选竹。用的是江南特产苦竹竿。竺筷艺人有句行话："若要竺筷好，料子是个宝"。所选的竹必须枝直且长、节少而圆润，必须是已长成二三年的"壮年竹"。刚生的太嫩，挺而不坚，已长了四五年的则嫌老，颜色黄，易发脆，也不理想。天竺筷驰名后，需求量大，本地的苦竹远远不能满足需要，竺筷艺人不远千里，到江西等省去采购。

以筷头来说，最早用蜡头、铁头、铅头等材料作装饰，用小钉子一只只钉上去，费时费力，又不美观。著名制筷艺工高保泉对筷头工艺进行了改革，据说，他曾将妻子陪嫁过来的一串珍珠拆开，钉在筷子头上，从此，天竺筷的头上有了红、黄、蓝、白等各种颜色。

再以筷身来说，大多印有"三潭印月""苏堤春晓"等西湖山水或图案。但在最初时，筷身上只印圆形的"寿"字，而且是用烧红的铁笔一支支画上去的，既费工又费力。一个早先做过铅丝生意的潘三四师傅，大胆将钢印和筷印作了联想，用刻制竺筷印花板的方式烙印，经过逐步改进，出现了崭新的印筷新工艺，解决了花纹少，刻制慢，质量差等问题，使天竺筷的产质量有了飞跃，再后，又改进为橡皮印制工艺，质量又进了一步。

改革开放以来，竺筷艺人了解到日本朋友的爱好，把黑色作为长寿的象征，专门生产一种黑色镶头西湖天竺筷，出口日本，不但达到多创汇的目的，而且传播了天竺筷花式品种的名声。他们又听说欧美等国的消费者崇尚吉祥，欢喜热闹，对西湖山水颇有兴趣，就大批制作配有西湖新十景的天竺筷，专供出口欧美等国之用。为了满足海外侨胞寄托乡思及亲友馈赠、结婚陪嫁等用，他们又设计了一种高档的盒式对筷。

天竺筷分为天然筷、印花筷两种，规格有二十五公分长筷、二十二公分半中型筷和二十公分童筷三种。镶头有红、绿、黑、黄、白及金黄色等六种，花型有西湖风景、吉祥图案、生肖动物等多种。目前定型的天竺筷，要经过铸造、槎头、烫花、刮皮、做红、吊色、烘干、上蜡、镶头、擦亮、槎下脚等十二道大工序。经过制筷工人的辛勤劳动后，小小的天竺筷具有不著油污，雅俗共赏的优点，受到了普遍的欢迎。

原载《西湖》

240

七世同堂话仁孝

杭州曾有过一个七世同堂的大家庭。

据《两浙史事丛稿》载："北宋元祐年间，杭州市民俞举庆七世同居"。"俞家所居之处称俞家园，方园广阔，花木甚盛，流水缭绕，园内还有红莲花、白莲花两座桥，地在井亭桥之南向，施水坊桥之东，约在今天的青年会和《杭州日报》旧址处。

这个七世同居的大家庭，第一代高寿几何，《两浙史事丛稿》未有记述。如按方今的婚育年龄测算，第一代俞举庆当在 150 虚岁之间，这是不太可能的。若按旧时代婚姻及生育年龄测算，男子 16 足岁生子，连续七世，当在 98 虚岁左右得第七世，因为古代以早得子为荣，完全有可能。

七世同堂，除了家庭中的遗传因子外，和讲究仁孝必有联系。

仁则气宽，气宽则体顺，"气宽寿长"，是人生箴言。再说，以仁待人，则邻里和睦，和睦则气不生。孝则家内亲和，子孙辈将敬老作为天职，事事、处处、时时，为老一辈着想，使老一辈生活在良好的环境之中，为延长寿命、七世同堂，创造了条件。

仁和孝是中国传统文化精华之一。为历代帝王所提倡，是古代社会及家庭的行为准则。孔夫子言仁，包括：恭、宽、信、敏、惠、智、勇、忠、恕、孝、悌等方面，内容很宽泛，又以"己所不欲，勿施于人"和"己欲立而立人，己欲达而达人"，为实行的方法。而孝的含义，据《孝经·庶人章》载，"用天之道，分地之利，谨身节用，以养父母，此庶人之孝也。"也就是说，好的衣食，父母没有穿，自己不敢先享受。

再综合起来说，待人仁，会得到和谐；享受孝，则心头乐甚。仁孝持家，少烦恼，少争执，就会少引发病痛。试想一下，如果俞举庆一家，不行仁义，无视孝悌，气量狭隘，动辄争吵，常处在邻居不和，家庭不安的背景下，能产生七世同堂的奇迹吗？

读了俞举庆一家七世同居的轶闻后，我倒不是羡慕他家的七世同居，而是觉得仁、孝的重要。

原载《杭州工人报》

素食荤谈

　　倡导素食在我国约有二千年历史，它产生于人对动物的恻隐之心，或者因为知道过多的荤食对人的健康不利，则没有定论。不过，每当一头活生生的牛羊被屠宰，见到一些活蹦乱跳的鸡鸭在被割喉后又受到拔毛的"待遇"，看着它们眼泪汪汪或血腥四溢时，有些人就会产生同情之心，而开始奉行素食。当佛教在我国传播后，素食不但在民间少数人群中流行，寺庙中更是集中奉行素食。

　　一般所指的素食，指非动物、无血腥、不带生命特征的食物，常规有青菜、萝卜、豆腐、红薯、番茄等及其加工后形成的美味佳肴，众多水果也属素食范畴。由于加工的过程中有用动物油或植物油之别，所以素食者中分净素食和常规素食两类，净素食指食物中无丝毫动物的物质，包括食用油的使用等；一般素食指以植物为主的食物，或者不以屠宰动物的食物。

相对于荤食而言，素食和荤食都含有蛋白质、碳水化合物、矿物质、脂肪等营养物质，是人体所必须的。但是，就脂肪的含量而言，素食要比荤食少；而就纤维素来说，素食似比荤食来得多些。而纤维素有帮助肠道带出杂质并排出体外的功能，对于防止肠道积淀有一定的好处。更何况脂肪的积淀至过多时，对人体内并无好处，特别是中老年人。

就我的个人体会来说，素食较多的滋心养脑，对于从事脑力劳动者比较适宜；荤食较多的"长力助性"，适宜于体力活或年轻人。一般的运动员或练武者，总是喜欢荤食的居多。就是因为两者所含有的物质和功能的不同。

不过，素食虽有许多优点，但在"营养丰富"方面，一般认为不如荤食。表现为有些人长期素食，人的动态方面显得不太活跃。所以明智的人主张"以素食为主，荤食为辅"，用荤素结合的混食方式。也有人认为：在主要倡导素食的同时，应该注意选择食物中的"荤中素"和"素中荤"，也即多用一些荤类食单中尚未形成的"荤食"，即属荤食范围，但尚未形成动态生命，特征是无血腥，如禽蛋、海带、之类。"素中荤"是指属于素菜范围，但其内部结构具有"冲动"的特征，表现为气味强烈或色彩浓郁，再或为非本土植物，如素菜中的芹菜、韭菜、番茄之类，通气性质较好的素食。

素食的好处，除了适宜于中老年人以外，笔者认为还具有性情平和、心态放松等方面看不见的一些功效，但那是需要长期坚持的事，对于大多数人想往"生活质量"的人来说，也许认为是多此一举。

另一点亦提供参考：从改革开放以来，人民生活质量有所提高。他们受西方营养学的影响，不知节制地强调增加营养，殊不知这样一来，年轻时代谢功能好，会将多余的"营养物"排出体外，但当进入中年以后，代谢功能有所降低，于是出现了许多胖子。为此笔者主张七分营养足矣的观点。不知读者是否有同感。

原载《家庭生活》

清东园十景之一

红亭夕照碑记

亭以红名，志庆也，志光明也，志为民也。夫人逢喜事，辄以红色为祥瑞，人之所好者也。夕阳斜照之际，红亭熠熠生辉，与雷峰一东一西，人间美景也。

考红亭之史，实宋之遗韵。"若要富，赶着行在卖酒醋"一语，传诵已近千年，尚可闻酒淳醋酸之余味。清人诗云："酒家巷记丹枫外，醋库房临乌桕边。"证杭城酒事之雅也。红亭一景，依醋坊之设而存，因醋坊之失而毁。惜者也。

余东园子也，欣逢盛世，国重民生，有旧改之举，惠民之道深矣。值红亭夕照之景得以重建之际。街道党工委嘱为之作记，遂欣然命笔焉。

东园居士徐清祥撰　庚午年九月

潮鸣文化遗迹之一

显真道院碑记

　　潮鸣旧有显真道院，东近沙河，西依艮山门大街，南连庆春街。北望诸军营寨，交通顺畅，延四方信众，宣扬释道精义，为杭人祈福消灾之所也。

　　道院始建于南宋建炎三年，乡贤王庆舍地也。奉赤帝神像，一年一祀，寄消灾避祸意也。元末毁，明洪武重建。后屡毁屡建。正统间增茸，后圃有于公读书楼一。景泰八年，肃公被诬，遗玉带归里，奉于殿。

　　民国年间杭州丝绸业公会出资在院址建迎真小学，1956 年改名庆春路小学。1984 年"文普"时为庆春路 208 号。1991 年拓宽路面时拆除。

　　时至今日，欣逢习近平新时代，党关心人民福祉，有旧改之泽，显真旧址，得以重提，此不忘先人的遗迹，亦昭示新时代之伟大。此立石碑之意蕴也。

庚午年九月东园居士撰

品读余谈

书后赘言

整理、出版这本文集有没有意义？这是我在成书前首先考虑的问题。

我曾写作发表过不少新闻报道和论文，考虑到其时效性强，受众范围小，本书均未收录；还有一些文学作品，如散文、小说、剧本等，因其数量较多，可另行成集，这里也就不载了。

对于我曾在报刊上发表过的知识性随笔文章，我觉得有点保存价值，原因有二：一是文章精短，读起来轻松活泼，而且部分文章是"缺货"，如关于名片、店名、武术；如关于广告、绰号等，有"补白"性质。为此我将它辑成此书，供读者朋友们茶余饭后品读翻阅，不求教化于人，但求得到一些嗑瓜子一样的回味和慰藉，我心足矣。

感谢好友史如赓的帮助，他的校勘工作认真细致，使本书减少了许多差错。

徐清祥

2023 年 6 月 16 日于东园书屋